誰も教えてくれなかった！

自治体管理職
の鉄則

秋田将人［著］

学陽書房

はじめに

「自治体管理職の本音について、書かれた本など一冊もない」──。

信頼する管理職でもあり、読書家でもあった先輩にそう言われたのは、自分が管理職を目指そうと思った頃でした。管理職とはどうあるべきかを模索し、参考となる書籍を探していて、尋ねた際のことです。

先輩はこう続けました。「首長や議員に、心にもないことを言ったり、ときにはおべんちゃらを使ったりすることもある。住民説明会では、どうしても住民に対して、建前や理想論で話さざるを得ないときもある。また同じ管理職同士であっても、お互い組織を抱えている身としては、腹の探り合いをするときもある。まして、部下の前では泣き言は言えない。だから、管理職の本当の心の内など、本にできないのだ」と。

当然のことながら、当時はこの言葉の意味を理解することはできませんでした。とても理解できるほどの経験を持ち合わせていなかったからです。その後、自分自身が課長、そして部長となり、管理職として十数年の経験をしました。そして、思うところがあって勧奨退職してから、ようやくこの言葉の意味を心から理解できました。

公務員という身分を捨てることができたからこそ、公務員稼業を客観的に外から見渡し、ようやく管理職の本音を言語化することができて、誕生したのが本書です。

まだ、公務員のままであったら、目に見えるかどうかは別として、何かに遠慮してしまい、やはりここまで書くことはできなかったのではというのが、偽らざる心情です。

もはや上司や組織に遠慮することなく、自由に発言できる身として、管理職として必要な知識や技術、そして処世術なども含めて、この一冊に詰め込んだつもりです。もちろん、それは私の経験の中で得られたものという前提ではありますが。

正直に申し上げて、**自治体の管理職になって良かったことも数多くあ**

ります。「このまちをもっと良くしていこう」「住民に喜ばれるような事業をつくろう」と、職員・議員・地域団体などと真剣に議論したとき、長年、住民から要望されていた福祉施設が計画化されたとき、職員から「課長の部下で良かったです」と言われたときなど、何回もありました。

　一方で、**議員や住民のエゴ、上司の滅茶苦茶な指示、管理職同士の足の引っ張り合いなども経験しました。**また、様々な駆け引きや罠が仕掛けられていて、笑顔に騙されて知らない間に陥れられていたという、笑うに笑えないこともありました。こうしたドロドロとした世界に、愛想が尽きたことも一度や二度ではありません。だから、とても「管理職は良いものだから、皆やるべきだ」とは、口が裂けても言えません。

　この書籍を上梓する理由は、管理職の方々、もしくはこれから管理職になろうかと考えている方々に、少しでも参考になればと思ったからです。自分が管理職として経験したことや反省を率直に語ることにより、読者が余計な遠回りをしなくて済めばと思う、老婆心以外の何物でもありません。

　「住民のために頑張ろう」と思って管理職になったにもかかわらず、知らない間に地雷を踏んでしまい、嫌な思いをしたり、ひどい場合には懲戒免職になったりしては、元も子もありません。そんなことになってほしくないと、心から願う次第です。

　管理職になろうとする人は、出世欲の強い人ばかりではありません。特に自治体の場合は、基本的に真面目で優しい職員が多く、**「上司から勧められた」「地域のためになるならば」**と、迷いつつも管理職を選んだ人のほうが多いはずです。最近では管理職試験も廃止され、いわゆる「一本釣り」で管理職になってしまった人も少なくないでしょう。そんな方々が、**安心して職責を全うできるように、心を砕きました。**ほんの一文、一言一句であっても、何か参考になるところがあれば幸いです。

秋田　将人

CONTENTS

第2章 : 自治体管理職の三大業務その1 「議会対応」の基本

第3章 : 自治体管理職の三大業務その2 「部下指導」のポイント

第**4**章 自治体管理職の三大業務その3
「**業務管理**」のルール

第5章 事件・事故はあって当たり前！「トラブル対応」のノウハウ

第6章 誰も教えてくれなかった「組織サバイバル」の技術

第7章　自分も部下もつぶさない「メンタルマネジメント」のコツ

第 1 章

昇任・異動したらまず押さえる

「スタートダッシュ」
11か条

管理職になったら、まず何をすればよいのか？
異動前に行うべき準備、異動後にすぐに行うべきア
クションがあります。まずは焦らず、1つひとつク
リアしながら、管理職の仕事の醍醐味を味わう土台
をつくっていきましょう。

1 昇任前後の行動で 「成果の８割」 が決まる

▶ 内示から異動までの時間で、勝負が決まる

　人事異動の内示があり、管理職に昇任することが決まった——。

　これは、多くの管理職経験者が記憶に留めている瞬間でしょう。一般職員として過去に受けた内示とは一味違い、様々な感情が去来することと思います。

　「よし、がんばろう！」と改めて自分を鼓舞する人もいれば、「本当に自分に務まるだろうか？」と、不安を抱いてしまう人もいるでしょう。しかし、内示された以上は、腹を括るしかありません。

　内示を受けてから実際に異動し、着任するまでの時間は、とても重要です。課長であれば、異動までに課の課題などを整理し、着任したらすぐに課長として活動できる体制を整える必要があります。この準備が、昇任後の自分を大いにラクにしてくれます。**つまずくことなく、スムーズなスタートを切ることができれば、その後もうまく波に乗ることができ、業務を進めていける**からです。

　この時期をどのように過ごすかで、「管理職としての成果の８割が決まる」といっても過言ではありません。この貴重な時間を無駄にしてしまうと、後々までその影響を引きずってしまいます。

▶ 異動日前日までに、できるかぎり準備をしておく

　課長は、課のリーダーであり、責任者です。異動日に辞令をもらった瞬間から、「○○課長」として動き出さなくてはなりません。そのためには、異動日前日までに、できるかぎり準備を行っておきましょう。

詳細は次項以降で説明しますが、概略を述べると、**いわゆる三大経営資源、「ヒト・モノ・カネ」を押さえることが基本**です。管理職は、経営層に立場が変わるため、これらの経営資源を上手にマネジメントすることで、課の目標を達成し、成果を挙げる必要があります。

　ヒトは、一般的に部下を指します。管理職としては、自分で何もかも手を動かすのではなく、部下に仕事をしてもらって成果を出さなければなりません。また、上司、議員、関係団体との付き合いも重要です。

　モノはサービス、その課の事業です。事業の内容を理解することはもちろんですが、議会からの要求など、課題や問題点の把握も重要です。また、事業の根拠法令なども理解しておく必要があります。

　カネは、財政です。課の予算額・決算額が重要なのは当然ですが、どの部署でも、予算編成上の課題があります。また、基金や貸付金などがあれば、運用状況や未収金の債権管理などにも注意が必要です。

▶ 異動日からは、管理職として振る舞う

　管理職の発令が出たら、「長」として振る舞わなくてはなりません。異動前の準備が貴重な知識となっているはずですが、実際に係長からレクを受けたり、現場に行ったりすると、事前に知っていた知識とは異なることもあるはずです。それらを1つひとつ解きほぐしていきながら、生きた知識に変えていきます。

　部下や議員に対しては、「まだ、異動したばかりなので……」などと自信なげな態度を続けていると、信頼を失ってしまいます。反対に、管理職になった途端、急に「上から目線」の大きな態度で接してしまうと、部下は面従腹背となってしまうことも。管理職初心者であることを忘れずに、謙虚な姿勢が必要です。

✔ **新人管理職の心得**

　管理職としてのデビューは、誰しも緊張するもの。焦らず、驕（おご）ら
ず、昂（たかぶ）らず。やるべきことを確実に実行していく。

2 業務の「全体像」をつかむ 2つの方法

▶ 業務の概要を知ることが第一歩

昇任した管理職ポストが、まったく未知の分野であることがあります。一般職員の時代には経験したことがない、部や課のような場合です。いわゆる「土地勘」もないため、昇任者にとってはなかなか厳しい状況です。また、以前に経験したことのある業務であっても、現在では実施内容が異なっていることもありえます。

しかし、管理職に昇任した以上、「経験したことがないので、わかりません」では済まされません。もちろん、新人職員のように、先輩職員が1つひとつ丁寧に教えてくれることもありません。自ら学んでいくしかないのです。

そこで、異動する前日までに、まずは業務の概要を把握する必要があります。そのためには、自治体にある既存資料を活用する方法と、専門書など自治体の外にあるものを活用する方法の2つがあります。

▶ 自治体にある既存資料を活用する

自治体には、多くの既存資料があります。例えば、住民向けであれば、ホームページのほか、パンフレットやガイドブックなどの紙資料、事業を説明した動画などもあるかもしれません。

また、職員や議員向けのものもあります。人事異動の参考資料として課の業務をまとめていたり、議員への資料として事業紹介などを冊子にしていたりする場合もあります。さらに、全庁共有のフォルダなどがあれば、収納されている関連資料を自由に見ることができます。

なお、事業の概要を確認する場合には、5W1Hに着目すると、記憶に残りやすくなります。つまり、「誰が」「いつ」「どこで」「なぜ」「何を」「どのように」事業を実施しているのかに注目するのです。

　多くの事業を抱えている課の場合、実施時期や対象者などが、微妙に違っていたりすることもあります。5W1Hを意識してマーカーを引いて読み込み、無用な混同・混乱を避けましょう。

▶ 専門書、マンガ、ネットなどで知識を深める

　自治体にある既存資料だけでも、業務の概要を把握するには十分です。しかし、できればもう一歩進めて、自治体の外にある資料などにも目を向けておきたいところです。例えば、担当業務が法定受託事務であれば、他の自治体でも実施しているので、自分の自治体だけでなく、幅広い視点から業務を理解することができます。

　仮に、生活保護を担当する課長になったのであれば、制度をわかりやすく解説している書籍等を読むことも有益です。また、ケースワーカーが主人公のマンガもあります。マンガであることを差し引いて考える必要がありますが、よりリアルに職員の日々の活動を理解することができるでしょう。さらに、ブログや動画などにも、様々な情報が掲載されていますので、参考にすることができます（ただし、ネットの情報は玉石混合であることには注意が必要です）。

　このように、自分の自治体以外の情報を得ることで、「この業務は、本来どのようにあるべきなのか」と、抽象的な視点を持つことができます。自分の自治体のやり方だけしか知らないと、「実は、間違った事務を慣例的に行っていた」ということがあるので、注意が必要です。

✓ 新人管理職の心得

管理職として初めて担当する業務に対しては、自分が興味を持てるよう、あらゆる手段を使う。

3 無味乾燥な予算・決算から ポイントを読み解くコツ

▶ 数値は、客観的事実を語る

業務の概要を理解した後には、予算額と決算額をチェックしましょう。

業務内容と予算上の事業名は、必ずしも一致するとは限りません。例えば、複数の住民サービスが、予算上は1つの事業名に含まれていることもあるからです。今後、財政課と様々な折衝を行うことを見据え、早いうちに予算上の事業名に慣れておいたほうがよいでしょう。いわば「業界用語」を早く使いこなせるようにしておくのです。

予算額や決算額、また基金の残額や運用額も、表面上は数値の羅列にすぎません。しかし、この数値は、様々な客観的事実を教えてくれます。「○○事業の決算額は、△△万円なのか。結構、多いな」などと単なる感想で済ませていたら、大事なポイントを見逃してしまいます。

▶ 予算では、特定財源に注意する

予算額を読み解く際、特に注意が必要なのは、特定財源です。

例えば、障害者に対して手当を支給する事業を行っていたとします。この場合、国が定めた手当なのか、都道府県が定めた手当なのか、もしくはその市独自の手当なのかで、事業の意味は変わってきます。

国や都道府県の定めたものであれば、市区町村で実施しないということは、まずありません。国・都道府県が財源の一部を担っている特定財源があるからです。しかし、その市独自の手当であれば、一般に特定財源はないため、すべてが市の負担となり、市財政への影響は大きくなります。このため、財政当局が縮小や廃止を求めてくる可能性が高くなり

ます。また、**特定財源の額や割合が低いものも要注意**です。

　予算を注視することで、他課との関係をつかむこともできます。ある予算上の事業名の中に、自分の課だけでなく、他課の業務に関する予算が含まれているとすれば、それは、同種の事業として一括りにされているということを意味し、その課との関係が深いことを示しています。

　この場合、当該課の課長と連携を取ることが必要なことは言うまでもありません。また、予算要求や議会における予算委員会などの場面でも、相談する必要が出てくる可能性があります。

▶ 執行率の低い事業には、必ず理由がある

　決算額は、事業を実施した後の結果を反映した数値であり、事業実績です。このため、**執行率が低い事業には注意が必要**です。「執行率が低い」とは、予算額に対して決算額が少ないことを指します。予算額と決算額に大きな乖離があるのであれば、それは見積りを間違えたのか、予定していた実績を出せなかったか、のどちらかということになります。

　いずれにしても、執行率が低ければ、当然、その理由を問われるため、議会でも質問されやすいといえます。

　一方で、**執行率が100％に近い事業も押さえておきましょう**。住民からのニーズがあるものの、十分に満たせていない可能性もあるからです。例えば、一定の条件のもとで、住民の私道整備に補助金を支給していたとします。この場合、年間の予算額が上限となっているために、住民からの申請を断っているのかもしれません。こうした場合、議会から「もっと予算を増額すべき」との質問が出る可能性があるのです。

✓ 新人管理職の心得

　予算書や決算書は、読みにくいもの。しかし、管理職の商売道具の１つと割り切って、なるべく早めに慣れておく。

4 議会議事録を「直近1年分」読み込み、論点を明確にする

▶ 議事録には重要な情報が集約されている

　事業の概要を把握したら、できるだけ早く議会の議事録の直近1年分を読み込みましょう。

　議事録とは、一般的には本会議録と委員会記録を指します（自治体によっては、全員協議会の記録なども含めたほうがよい場合もあります）。委員会は、今後、自分が出席する委員会であり、常任委員会だけでなく、予算委員会などの特別委員会も含みます。

　議事録には様々な重要情報が集約されています。しかし、隅から隅まで読む必要はなく、自分の担当業務に関する部分だけでかまいません。本会議録の場合は、主に一般質問、委員会記録は、議案、請願・陳情、報告案件などの中で、自分が担当する部分です。

▶ 懸案事項、事業の課題、議員の視点を把握する

　議事録を読み込むことで、次のようなことがわかります。

　第一に、懸案事項です。簡単にいえば、着任早々に対応しなければならないものであり、**議会や議員から課されている「宿題」**といってもよいかもしれません。

　例えば、前任課長が、議員からの質問に対し、「議員のご提案については、今後検討してまいります」と答弁していた場合、次の定例会では、「前回検討すると答弁したが、その後、どのようになったのか」と問われる可能性が高いわけです。人事異動で課長が変わったからといって、後任課長は「知りません」とは言えません。なぜなら、その案件は属人

的な問題ではなく、行政には継続性が求められるからです。このため、懸案事項の把握は急務です。

　第二に、事業の課題です。本会議でも委員会でも、議員は執行機関に対して様々な質問をします。事業に対する疑問点や改善案を尋ねたり、場合によっては、批判したりすることもあるかもしれません。

　いずれにしても、事業に関する課題ですから、担当課長としては把握しておくことが必要です。例えば、予算委員会で「本事業の対象者を拡充すべきだ」などの意見があれば、次の予算編成までに対応を考えておかねばなりません。

　第三に、議員の視点です。議事録を読み進めれば、「どの議員が、どのような質問をしたか」がわかります。つまり、議員の視点を知ることができます。それは、行政の視点とは異なり、議員特有のもので、特定の地域や団体の声を代弁していることもあります。

　また、議員個人の特徴を知ることもできます。質問のタイプは様々で、「理詰めで追及する」「情に訴える」「自分の主義主張だけを述べる」など、議員によって異なります。いずれ、議員とは様々な場面でお付き合いすることになるため、今のうちから名前や顔も併せて覚えましょう。

議会答弁術にも注意する

　議事録については、内容に注意することはもちろんですが、「どのように答弁をするか」という管理職の議会答弁術にも慣れておきましょう。例えば、議員の提案をかわす場合、前任者がどのように発言しているかに着目するのです。この議会答弁術は、管理職にとって必須の技術なので、早いうちから意識しておきましょう。

✔ 新人管理職の心得

議事録を読んでおけば、論点を明確にした上で、後で前任課長や係長に質問できる。周到な準備こそ、議会対応の鉄則。

---

5 職員の配置状況・人事情報で「人的資源」を把握する

▶ 異動前に部下のことを把握しておく

　管理職は、部下を動かして成果を挙げることが求められます。「部下に任せるより、自分でやったほうが早い」と自分で資料や答弁の作成をしてしまうようでは、管理職としては失格。すでに述べたように、経営資源である「ヒト・モノ・カネ」を適切に動かすことができる人こそが、管理職なのです。

　部下に気持ちよく働いてもらうには、部下のことを知ることが第一歩です。例えば、異動初日に係長に向かって「お名前は？」などと言ってしまったら、それだけで信用を失いかねません。一般職員全員は無理でも、今後付き合いが多くなる係長の名前くらいは、最低限覚えてから着任しましょう。

▶ 職員の配置状況からわかること

　異動前に部下のことを知らなくても、配置状況から組織の一端がわかることがあります。具体的には、係の業務がどのように行われているのかが見えてくるのです。例えば、組織のライン係長だけでなく、「○○担当係長」のようなポストが置かれている場合、担当係長の職務が重責のため、ライン係長の所掌事務から外していることがあります。

　反対に、○○担当係長が病気などで、通常の勤務ができないような時にも、そうしたポストを作っていることもあります（これを「人管ポスト」と呼ぶこともあります）。また、会計年度任用職員が配置されている場合には、常勤職員の中に病欠や産休の職員がいて欠員が出ている、

定数上の職員数では業務に支障が出てしまう、などが考えられます。

　なお、組織改正が行われた直後に赴任する場合には、要注意です。前任者と所掌事務が異なりますので、組織改正前の旧所属の課長などからも引継ぎを受ける必要があります。

▶ 係長、問題職員、年上部下などを確認する

　一人ひとりの部下がどんな人かも確認しましょう。実際には、前任課長との引継ぎの中で、「この職員には手を焼いている」などの生々しい話を聞くことになりますが、あらかじめ可能な範囲で把握に努めます。

　まず押さえておきたいのは、組織運営の要となる係長です。管理職は、一般に係長に指示を出して、業務を行ってもらいます。係長を飛び越えて、主任などの一般職員に直接指示をしてしまっては、係長はよい顔をしませんし、組織の指揮命令系統から考えても問題です。**係長との円滑な連携なくして成果を上げることは不可能**ですから、どのような係長がいるのか、しっかりと押さえておきましょう。

　また、いわゆる問題職員にも注意が必要です。庁内には、有名な問題職員が何人かはいるものです。態度が反抗的な職員のほか、指示してもできない職員、人と円滑なコミュニケーションが取れない職員などもいます。こうした情報は、庁内に飛び交っているため、注意すれば案外簡単に入手できます。ただし、**問題職員だからといって、色眼鏡で見るのは禁物**。最初から偏見を持つのではなく、事前情報はあくまで参考程度にとどめ、自ら向き合った上で確認することが大切です。

　なお、年上部下にも注意が必要です。どうしても新任管理職は気後れしてしまうことがあるからです。かつて、仕事を教えてもらった先輩が部下になることもあります。早めにチェックしておきましょう。

 新人管理職の心得

友人や同期などあらゆるツテを使って人事情報を得る。ただし、事実無根のデマやガセネタもあるので、鵜呑みにしてはいけない。

6 法令・要綱を押さえて「リスクヘッジ」する

▶ 意外に見落としがちな法令・要綱

　ここまでに述べてきたことを行えば、昇任ポストの業務は大方わかってきたと思います。しかし、前任課長に会う前には、法令や要綱も一通り確認しておきましょう。

　公務員の業務には、必ずその根拠となる規定があります。国の法律はもちろんのこと、自分の自治体の条例、規則、要綱、要領、規程など、様々です。これらは、見落としがちなのですが、**住民や議会に対して堂々とその正当性を述べるために必要な武器**となるため、最低限の把握は必要です。

　議会で議員から追及されたり、住民からクレームがきたりした場合でも、「○○条例には、このように規定されていますので、現在は不可能です」と相手の主張を退ける場合にも使えるので、リスクヘッジになるのです。

▶ 例規集を活用して、関係法令一覧表を作る

　具体的にこれらの規定を調べるためには、まずは、身近にある庁内の例規集を活用します。庁内の共有フォルダやポータルサイトなどには、例規集ファイルが収納されていると思います。

　これらを探していけば、市が定めた条例・規則などは、すぐに見つかるはずです。また、条例の中には、「これは、○○法第△条に基づき……」などと掲載されていますので、関係法令もここから知ることができます。

法令、条例、規則などの全文を文書保存する必要はありませんが、名称などは一覧にして、すぐに調べられるようにしておいたほうがよいでしょう。関係法令の名称、その概要を表にしておくと見やすいと思います。何か問題が発生したときに、迅速に該当法令を見つけ出し、条文を探すことができるからです。

　なお、**法令等の概要については、多くの場合、１条に定められている目的規定から引用すること**が可能です。また法律であれば、各府省がまとめている概要を活用することもできます。

▶ 引継ぎやレクの際に質問することを、整理しておく

　関係法令等は、一言一句を確認する必要はありませんし、そのような時間もありません。しかし、これらの法令等をざっと眺めるだけでも、疑問が生じることが、結構あるものです。

　例えば、要綱に様式が定められており、その１つに申請書があったとします。このとき、未だに住民の押印欄があったとすれば、「この押印欄って、まだ必要なの？」と係長に質問してもよいでしょう。すると、「国の法律に準じているので、まだ必要なのです」とか「現在、押印欄を廃止するための作業を行っています」などの回答が得られるからです。

　仮に、係長が「あっ、まだあったのですね。気づきませんでした」という程度の認識であれば、「では、この押印欄を廃止できないか、調べてください」と、指示することもできます。

　要綱や要領のようなものは、法改正があったにもかかわらず、見直しを行わないままの状態になっている場合も少なくありません。**法令等の確認は、見直すためのチャンス**ともいえますので、質問事項を整理しておきましょう。

> ✔ **新人管理職の心得**
>
> 慣習で行ってきた業務でも、実は根拠法令と異なっていることもありうる。前例・慣習を鵜呑みにせず、適切に疑う意識を。

7 前任課長から「生の情報」を聞き「真の課題」をつかむ

▶ 前任課長からの引継ぎを効果的にする

いよいよ、前任課長から引継ぎを受ける機会が来ました。これまでに業務内容の把握、議事録の読み込み等の準備を行い、疑問点などが明確になっているはずです。引継ぎの前には、これらの確認事項を書き出しておき、前任課長から聞き漏れがないように注意します。

前任課長もまた、退職しないかぎり、次の職場の引継ぎを行うことになります。引継ぎは限られた時間の中で行われるため、効率的・効果的な引継ぎを心がけましょう。

もちろん、異動後でも、前任課長に質問することは少なくありません。実務を行う中で、新たな疑問が生まれるのは当然のことです。ただ、いつまで経っても、前任課長に頼り切りでは、部下も違和感を覚えます。ある程度の時間が経過すれば、余程のことがないかぎり、自分で判断することになるため、引継ぎの機会は重要なのです。

▶ まずは前任課長の話を聞く

一般的に、引継ぎは、引継書や前任課長が作成してくれるメモに従って行われます。これまで多くの準備をしてきたとすれば、すぐにでも質問したい衝動にかられると思いますが、まずは、じっくりと前任者の話を聞きましょう。

通常、前任者は、後任が的確に理解し、うまく事務を引き継げるように、話す内容を整理しながら説明してくれます。ベテラン管理職であれば、そのことを十分理解しています。

このため、いきなり後任者が質問攻めにしてしまうと、大事なことを言い忘れたり、あまり重要でないことに時間をかけてしまったりと、効果的な引継ぎになりません。まずは、前任課長の話を聞くことに集中します。そもそも、**質問攻めにしてしまうと、せっかく丁寧に教えようとする前任者の心証を悪くしてしまい、逆効果**となってしまいます。

もちろん、すでに知っていることを長々と説明しそうであれば、「あっ、これは知っています。○○ということですよね」と切り返し、別の説明に変えてもらうなど、時間短縮に努めます。

いくら事前準備をしていても、前任課長から聞く話の中には、初めて知るものも少なくないはずです。また、生々しい人事情報もここで聞くことができます。紙や電子の情報には記載されていない、まさしく「生の情報」です。これで、「真の課題」が浮き彫りになります。

▶ 前任課長に、必ず聞くべき3つの質問

前任課長の話が一通り終われば、貴重な質問タイムです。これまでの準備で気づいた疑問点などを、確認していきましょう。もちろん、前任課長がすべて答えられるとは限りません。それは、前任課長が不勉強だからというわけでなく、事前準備で「これは重要かな」と思ったことであっても、実務上はあまり重要でないこともあるからです。

前任課長からの引継ぎでは、必ず聞くべき質問があります。

①当面、急いで対応すべき事項があるか、②異動早々に挨拶すべき関係機関などがあるか、③業務遂行にあたって特に注意すべき点は何か、この3つは、必ず確認してください。なお、名刺作成のため、名刺を1枚もらっておくとよいでしょう。

 新人管理職の心得

引継ぎ後も、前任課長にはいろいろと接触する機会が多くなる。「教えを乞う」つもりで、丁寧に接する。

8 組織文化として行うべき「課長レク」

▶ 係長に課長レクを依頼する

　前任課長からの引継ぎも終わり、いよいよ異動して、新任課長として赴任しました。おそらくは、庶務担当の係長がいろいろと世話をしてくれるはずです。

　また、異動直後に係長会が開催されて、各係長を紹介されるかもしれません。その際、「**各係の状況を知りたいので、業務や課題などについて、私にレクをしてください**」と依頼しましょう。各係長による課長レクは、異動直後に係の業務と係長の人柄を知る大事な機会ですから、できるだけ早く依頼しないと、意味がなくなってしまいます。

　引継ぎ体制がしっかりとできている課であれば、課長が言わなくても、庶務担当係長が「課長レクの日程ですが……」などと、相談に来るかもしれません。しかし、こうした習慣が根づいていない組織も多数あります。このため、課長異動時における課長レクを組織文化にするためにも、自ら依頼しましょう。

▶ 課長レクの方法

　課長レクを実施したことがない部署では、場合によっては「面倒だ」「前例がない」などと反発の声が上がるかもしれません。しかし、課長としては、次の理由で、課長レク実施の意味を説明します。

　①各係の業務・課題を係長と共有することが重要、②係長との円滑なコミュニケーションを構築するためにも、係長との意見交換をしておきたい、③前任課長から引継ぎを受けたが、係長たちの考えや意見を聞い

ておきたい、などです。

　なお、課長レク実施にあたっては、その準備が大変なために係長が嫌がることも多いようです。課長の異動が新年度の場合には、職員もいろいろと忙しいことを考えると、**課長レクの資料作成のために、職員に超過勤務を強いるのは考え物**です。

　そこで、「使用する資料は、新たに作るのでなく、既存資料でかまわない」「レジュメも、箇条書きで項目を羅列するだけでも十分」など、最低限のものでかまわない旨を伝えましょう。

　ただし、できるだけ職員に負担を増やさない配慮は必要ですが、課長レクは組織が円滑に継続していくためには必要不可欠であり、省略してはいけません。

　なお、課長レク実施にあたり、同席者の有無や時間の長さなども気になるかもしれません。係長が一人で説明できるのであれば、同席者は不要です。反対に、実務に詳しい主任がいたほうが、よりわかりやすく説明できるのであれば、同席させてもかまわないでしょう。この判断はケースバイケースで、正解はありません。時間も、新任課長が説明を十分に理解できる時間が確保されているかどうかがポイントです。

▶ 係長の人柄を理解し、課題を共有する

　なお、課長レクの最後には、主任などの同席者には席を外してもらい、係長と一対一で話す時間を持つようにしましょう。課の業務の実績は、係長によって大きく左右します。このため、係長の人柄を理解することが非常に大事ですし、係の課題を共有することも必要です。

　課題には、業務だけでなく係員の問題もあります。係員の性格、家の事情、出産や介護等の予定、また係員同士の人間関係等も聞き取ります。

 **新人管理職の心得**

　課長と係長がうまくいっていない職場は、必ず何か問題が発生する。異動早々に、円滑なコミュニケーションを築く。

9 異動前に部課長に挨拶して「協力体制」を構築する

▶ 部長には、議会対応などで世話になることが多い

　少し順番が前後しますが、異動前には、部長や関係課長への挨拶も欠かせません。

　人事異動の内示があれば、新しい部課長の配置状況がわかります。判明したら、直属の部長になる人には、早目に挨拶に行きましょう。なぜなら、新任課長は、部長にフォローしてもらうことが多いからです。

　特に、議会対応では部長の力を借りる場面がたくさんあります。答弁の所作、答弁術、議員への報告方法、そして各議員の人柄など、新任課長が覚えるべき議会対応の基本はたくさんあります。部長ともなれば、こうした議会対応の基本については熟知していますので、折に触れて教えてもらったり、助けてもらったりすることが多くなります。

　首長との間に入って、新任課長をフォローしてくれるのも、やはり部長です。首長から無理難題を押しつけられて、にっちもさっちも行かなくなれば、部長の助けが必要になります。

　このように、直属の部長とは、できるかぎり良好な関係を築くことが不可欠。ここの関係がうまくいかないと、仕事は回りません。

　ちなみに、直属の部長も同時期に他部署から異動してくることがあります。その場合、部長が部の業務に精通していないことがありますが、それは問題ではありません。部長に求められるのは業務知識ではなく、議員や首長との調整や、部全体のマネジメントだからです。

▶ 庶務担当課長は重要なポスト

同じ部内の課長にも、なるべく早い段階で挨拶をしておきましょう。特に、庶務担当課長は重要です。

庶務担当課長は、部内の調整を行う主要課長です。たとえ、庶務担当課の業務が、自分の課の業務内容とはあまり関係がない場合だとしても、部内の取りまとめを行う課長は、非常に重要なポストです。

例えば、新型コロナウイルス感染症の影響のため、保健所に各部から応援職員を派遣することがあります。このような場合、総務課などから、一方的に各部に割り当て人数が決められます。

こうした場合に、「うちの課はこの時期は忙しいので、別の時期にしてほしい」などの各課の依頼を調整するのは、庶務担当課長の役割です。その他にも、部宛の調査の取りまとめ、部内会議の開催など、様々な場面でお世話になることが多いのです。

庶務担当課長は、一般的に課長歴の長いベテラン職員が担います。このため、「部長に直接質問するのは、ちょっと……」とためらうような問題も、庶務担当課長に尋ねれば解決できることも少なくありません。

▶ その他の関係課長にも、挨拶だけは済ませておく

なお、庶務担当課長以外の部内の関係課長にも、異動前に挨拶だけは済ませておきましょう。同じ部内の課長とは、何かと接触することが多くなります。例えば、教育委員会事務局は、部課長が一体となって行動することが多いため、連帯感が強いことが多いのです。「今度の新任課長は、部長と庶務担当課長のところには挨拶に行ったのに、うちには来てない」などと、異動前からトラブルにならないように注意しましょう。

新人管理職の心得

異動で、部から転出する現在の部課長にも、できたら挨拶しておく。新任管理職は、こまめに顔を売っておこう。

10 異動直後の関係機関への訪問で「信頼」を得る

▶ 挨拶が遅いと、トラブルに発展することがある

引継ぎでは、異動後に挨拶すべき関係機関についても前任者に確認しておくことが必要です。相手方との日程調整の上、できるだけ早く関係機関へ挨拶に行きましょう。単に礼儀やマナーの問題ではなく、関係機関との無用なトラブルを防ぐためにも、挨拶は欠かせません。

例えば、町の名士といわれるベテランの町会長や自治会長たちの中には、「今度、異動してきた課長は、いつ挨拶に来るのか」を気にしている人がいます。なぜなら、「自分がどれだけ重視されているのか（大事にされているのか）」に関係するからです。**異動の挨拶が遅くなれば遅くなるほど、「自分は軽視されている」と感じてしまうことがあるのです。**

実際には日程調整がなかなかできなかったり、異動早々のトラブルのために挨拶が後回しになったりすることもあるでしょう。しかし、相手にとっては、それは「役所の都合」にすぎず、ただ単に「挨拶が遅い」ということで、感情的なしこりが生まれてしまう可能性があるのです。

こうした地域の重鎮たちは、常に役所から「挨拶を受ける」立場にあります。長年にわたり役職を担ってきた人も多いため、**歴代の担当者と比較されても、やむをえない面もあります。**

挨拶にあたっては、①前任者に同行してもらう、②同様に異動で来た係長と一緒に行く、③他の部署の課長と一緒に行く、などいくつかのパターンがあります。慣例がどうなっているのか、庶務担当係長などに確認しておきましょう。

▶ 異動前に名刺を準備しておく

名刺は異動前に必ず準備し、異動日から渡せるようにしておきましょう。管理職の発令を受けているのに、異動日に「申し訳ありません、まだ名刺ができておりませんので……」と名刺を渡せない姿を見せてしまっては、関係機関や部下に真剣度が疑われてしまいます。

なお、名刺の作成にあたっては、直通電話の番号の取扱いには注意が必要です。**直通番号を掲載してしまうと、至る所から電話を受けてしまう可能性がある**からです。一般職員や係長であれば、やむをえないものの、課長がそれでは仕事になりません。

このため、名刺には、あくまで役所の代表番号だけを掲載しておくという選択肢もあります。電話交換担当が課長に電話をつないでよいかどうかを、庶務担当係長に確認してくれるからです。また、業者からの営業などを避けることもできます。

▶ 挨拶に行くのか、挨拶を受けるのかを区別する

ちなみに、異動直後は、関係機関や業者の側から挨拶に来ることも少なくありません。例えば、会計管理室であれば、指定金融機関の担当課長などがすぐに挨拶に来るはずです。また、自治体から補助金を受けて施設を運営している団体なども、おそらく挨拶に来るでしょう。

「こちらから挨拶に行くのか」「相手からの挨拶を待つのか」は、十分に区別して考えなければなりません。これを間違えると、相手との関係がおかしなことになります。前任課長や係長などの話を聞いて、間違いのないように注意しましょう。

✓ 新人管理職の心得

挨拶だけでは、相手のことをすぐ忘れてしまう可能性も高い。相手の名刺の裏に特徴をメモしておくなど、工夫を図る。

11 「組織を運営する責任者」が持つべき2つの視点

▶ 管理職としての心構え

　本章では、管理職昇任の人事異動の内示が発表されてから、実際に異動当初に行うことを述べてきました。細かな点も多く、「こんなことまでやるのか！」と思った人もいるかもしれませんが、ここまで行えば、スタートでつまずくことはないでしょう。

　今後、管理職として本格的に行動することになるわけですが、この第1章に共通していることは、「組織を運営する責任者」であることを自覚すべし、ということです。この管理職としての心構えを整理すると、次の2点に集約することができます。

▶ 長期的な視点を持つ

　1点目は、長期的な視点を持つことです。例えば、部長から「首長に報告するために、資料を作成してほしい」と命じられたとします。この場合、①課長自ら作成する、②部下に作成させる、の2つの方法があります。もちろん、①のほうが早く、完成度の高いものが出来上がります。

　しかし、人材育成を考えるならば、②を選択することが求められます。部下にとっては、資料作成能力の向上、視野の拡大などの効果が期待できます。また、組織運営の視点で考えれば、課長が不在であっても、部長の指示に対応できる力が身につきます。

　このように考えると、課長としては単に資料が完成すればよいということにはなりません。組織の長には、長期的視点を持って部下指導や組織の対応力強化を考えていくことが求められるのです。

長期的視点は、「後任者を見据えているか」ともいえます。例えば、首長の公約で事業を実施することになったものの、議会から様々な意見が出て、なかなかまとまらなかったとします。しかし、どうにか案がまとまりかけたところで、係長から欠陥があることが指摘されました。

　このとき、「もう案もまとまりかけたので、このまま実施してしまおう」と考えることも、「もう一度、検討しなおそう」と考えることもできます。首長や議会からのプレッシャーが強いと、つい前者の判断をしてしまいがちです。しかし、こうした判断をして、困るのは後任者です。何かしらの問題が必ず発生するからです。やはり、**課長としては目の前のことだけでなく、後々のことまで考えることが必要**なのです。

▶ 多角的な視点を持つ

　2点目は、多角的な視点を持つことです。課長は、課という組織を運営する責任者です。組織が円滑に運営されるためには、自分だけでなく、共に組織を構成する他のメンバーの考えや意見にも思いを馳せる必要があります。

　いくら組織のリーダーだからといって、常に上から目線で、一方的な指示ばかりしていては、いずれ部下から相手にされなくなってしまうでしょう。これでは、組織は崩壊してしまいます。部下におもねる必要はありませんが、**それぞれの部下の目線にならなければ、部下の信頼を得ることは不可能**です。

　同様に、課を外から見る視点も必要です。首長、議会、関係団体、住民などからどのように見られているのか。自分の課からの内部視点だけで考えていては、課を誤った方向に導いてしまう可能性があるからです。外部の視点も意識して、客観的に判断することをお忘れなく。

✔ **新人管理職の心得**

管理職は「与えられた仕事だけやればよい」では済まされない。
これまでと違う視点を持つことで人間的にも成長する。

管理職の醍醐味

　管理職の醍醐味は、何と言ってもダイナミックな仕事ができることだと思います。つまり、自分の考えや思いを政策や事業に反映できることです。単に、上司から言われたことをそのまま実行するのではなく、自分で企画や改善案を考え、それを実現することができます。

　そして、その反応もまた、直接自分にかえってきます。住民、議員、部下なども含めて、様々な人からリアクションがあります。例えば、住民から「長年、これに困っていたのです。改善されて良かった」などと言われれば、強いやりがいを感じることができます。

　反対に、失敗した時もまた、その責任を負わなければなりません。「良かれ」と思って上司や議員を説得して実施してみたものの、結局は失敗に終わってしまうことだってあります。良くも悪くも、こうした手応えを感じられることが管理職の魅力だと思います。

　そして、この試行錯誤の過程で、人間性も磨かれていきます。いや、正確には、嫌でも人間的に成長していかざるを得ないのです。

　「わがままな部下の言うことも、じっと黙って聞く」「理屈でなく、情で議員を説得する」「圧倒的な不利な状況の中でも、何とか活路を見出す」「視座を高める」など、その内容は様々です。

　以上のようなことを「面白いかも」と感じるのか、「まっぴらごめん」と思うかで、管理職としての適性を測ることができるかもしれません。もちろん、「まっぴらごめん」と思う職員が、無理に管理職にさせられてしまう悲劇もあるとか、ないとか。

第 2 章

自治体管理職の三大業務その1

「議会対応」の基本

これがあるから管理職にはなりたくない——。そんな声も上がる「議会対応」。未知の領域ゆえの恐怖感もあると思いますが、むやみに恐れる必要はありません。まずは勘所をしっかりと押さることから。

1 議会運営の「イロハ」を理解する

▶ 議会対応こそが、管理職の大きな役割

　管理職とその他の一般職員の業務で、最も大きな違いは議会対応の有無です。しかも、管理職の業務の中でも、議会対応は大きな比重を占めるため、この取扱いを間違えてしまっては、管理職として致命的といわざるをえません。

　しかし、この議会対応にマニュアルがあることは稀で、一般的には、先輩管理職が後輩管理職に口頭で説明することがほとんどです。その自治体独自の議会対応を十分に把握せず、自分の勝手な判断で対応してしまうと、後に議会側からクレームが来ることもあります。このため、新任管理職としては、細心の注意が必要です。

　そこで、本章では議会対応について、様々な視点から解説を加えていきますが、まずは議会運営の「イロハ」を確認しておきましょう。

▶ 本会議には、定例会と臨時会がある

　本会議には、定例会と臨時会があります。自治体によっては、会期を1年とする通年議会もありますが、この場合は先の区別がありません。

　定例会は、文字通り「定例の会議」で、一般質問、議案の審査などが行われます。ただし、議案の審査は、一般に委員会に付託されます。このため、**①本会議初日に議案の付託委員会の決定→②委員会での審査・採決→③本会議最終日に採決**、という流れになります。

　臨時会は、文字通り「臨時の会議」です。大災害が発生した場合など、緊急時に開催されますが、一般には、議長の交代、委員会委員の改選な

どのときに、定例的に開催されているのが実態です。

　なお、本会議に出席する管理職は限定されており、一般には副市長や部長級などとなっています。このため、こうした管理職が議員からの一般質問に対して答弁することになります。

　新任管理職の場合、本会議に出席することは稀でしょう。しかし、**自分の上司である部長などが、本会議にどのように関わっているかを確認**することで、課長として自分が何をすべきかをつかむことが大切です。

▶ 委員会は、常任・特別・議会運営委員会の３種類

　議員が全員出席する本会議で、すべての案件を審議することは困難です。このため、一部の議員で構成する委員会で詳細な審議を行います。

　委員会には、常任・特別・議会運営委員会の３種類があります。常任委員会は、一般には自治体の部署別の委員会（教育委員会事務局の所管事項は文教委員会など）となります。

　特別委員会とは、特定の付議事件について審査を行い、審査終了により消滅する委員会のことで、代表例は、予算委員会などです。ただし、議員の任期中、継続的に設置されている特別委員会もあります。

　また、議会運営委員会は、文字通り「議会の運営」について審議する委員会です。実態としては議会内の会派（議会内で理念や政策を共有する議員同士のグループ）の調整を目的としています。

　委員会では、議案や請願・陳情の審査を行うほか、様々な案件について議会に報告します。このため、第１章の【４　議会議事録を「直近１年分」読み込み、論点を明確にする】でも触れたとおり、自分のポストでは、委員会で何を行うのかをしっかりと把握しておく必要があります。

✔ 議会を恐れないために

議会運営は、自治体独自のルールが多い。全員協議会などの会議体についても、内容・出席者を確認しておこう。

2 議員の名前・顔・所属会派・役職をインプットする

▶ 議員の名前を覚えるのは、基本中の基本

　管理職は、議員の「名前・顔・所属会派・役職」をしっかりと把握しておく必要があります。管理職にとって、議員は、自分の業務を進めていくためには、欠かせない存在。その人たちの名前や顔などを覚えるのは基本中の基本です。

　職場を訪ねてきた議員に対して、「どちら様ですか」と言ってしまったり、議員から呼び出されて控室を訪れた際、多くの議員がいたために「〇〇先生は、どなたですか」と、つい口から出てしまったり。こんなことがあったら、議員からにらまれることは必至です。こうした事態を避けるためにも、できるだけ早く覚えましょう。

▶ 広報紙や議員のブログなどを活用して覚える

　議員の「名前・顔・所属会派・役職」については、議会で発行している広報紙に掲載されています。選挙や議長交代の後に、発行されることが多いと思います。議会広報紙がない場合は、ホームページなどからコピーすることも考えられます。これらを職場に貼り付けておけば、いつでも目に入るので、覚えやすくなります。

　ただし、これらの写真は選挙用ということもあり、実際の姿とは異なることもあるようです。そのため、本人にお会いすると、「写真と全然違う」という感想を持つ管理職が、全国各地に存在するらしいのですが、この点については先輩管理職に実態をお尋ねください（ここでのコメントは、諸事情により控えさせていただきます）。

このため、もし本会議や委員会の動画を議会事務局のホームページで公開している場合は、念のため、改めて確認することをお勧めします。

また、最近では、ブログ、フェイスブック、ツイッターなどで情報発信し、写真を掲載している議員も増えています。

議員のブログ等は、議員の個人的な意見や考えを知ることができるだけでなく、**議員が委員会などで質問しそうなことを把握する際にも役立**ちます。「市役所の○○事業は、ここがおかしい！」という記事が、そのまま委員会での質問になっていることもあります。このため、議員のSNS等は折に触れてチェックしておくとよいでしょう。

▶「政党＝会派」とは限らない

前項で、会派について、「議会内で理念や政策を共有する議員同士のグループ」と説明しましたが、これは必ずしも政党とは一致しません。もちろん「政党＝会派」となっていることもあります。しかし、ある政党に属する議員と、その政党に属さない議員が、同じ会派を構成することもあります。それは、会派の人数が多いほど、質問の回数や役職などで有利になるからです。

また、役職には議会内のもの（議長、委員長、監査委員など）と会派内のもの（幹事長、政調会長など）の2つがあります。この2つを分けて考える必要があります。議員に何か報告する場合、○○委員長だから**報告するのか、もしくは△△会派の幹事長だから報告するのかで、意味は異なってくる**からです。なお、こうした役職は議長交代とともに変更することが多いようです。

✔ **議会を恐れないために**

どのくらい議員を務めているのかを示す「期数（当選回数）」についても併せて確認すると、ベテランかどうかもわかる。

3　議会答弁の「作法」を身につける

▶ 作法とは、答弁の内容と所作

　議会答弁には作法があります。作法は、①答弁の内容（答え方、言い方）と、②答弁に関する所作（動作、一連の動き）の2つに区分できます。ここでは代表的な例を挙げますが、自治体によって異なる点もあるため、必ず自分の自治体の作法を確認するようにしてください。

　なお、本会議答弁をする新任管理職は稀です。本書では新任管理職を想定していますので、委員会での作法について解説します。

　また、質問と答弁のパターンには、一括質問一括答弁方式（議員が一度に複数の項目について質問し、執行機関がまとめて答弁するもの）と、一問一答方式（議員は1つだけ質問し、それに対して執行機関が答弁する、ということを繰り返し行うもの）の2つがあります。前者の場合には、複数の管理職が順番に答弁を行うことになります。

▶ 議会答弁術は奥深い

　まず、「答弁の内容」です。これは、第1章【4　議会議事録を「直近1年分」読み込み、論点を明確にする】でも触れた議会答弁術です。**いわば「議会答弁用の表現」であり、これを知らないと議会を紛糾させてしまうこともあるので、注意が必要**です。

　例えば、議員から「就学援助の対象者の基準が厳しすぎる。もう少し、対象者の幅を拡大すべきではないか」との質問があったとします。この場合、執行機関の意向と実際の表現は、次のようになります。

①まったく見直すつもりがない場合

「それも考え方の1つと認識しております」

②周囲の自治体の動向を確認してから考えたい場合

「他自治体の動向等を注視してまいります」

③見直す可能性がある場合

「今後検討してまいります」

　上記以外の表現も当然ありますが、このように議会答弁ならではの言い方があります。上記①の場合、仮に「見直すつもりはありません」と表現してしまうと、議員から「自分の意見を真正面から否定するのか」と反発されてしまい、今後、激しい質問が浴びせられるかもしれません。

　ただし、この答弁はどんな場面でも絶対にNGというわけではありません。**野党議員からの質問の場合には、明確に否定しないと、今度は首長から「きっぱりと否定しろ！」と叱られることもある**からです。このように、議会答弁術は使い分けが必要であり、奥が深いといえます。

▶ 所作を間違えるだけで、議員からヤジが飛ぶことも

　「答弁の所作」は、答弁する順番になったら、①挙手をする、②委員長に向かって職名を告げる、③起立してマイクを使って答弁する、④着席する、などの一連の動きをいいます。

　これも自治体によってルールが異なります。こうした当たり前の所作ができないだけで、議員からヤジが飛ぶこともあるので、早く覚えたほうがよいでしょう。なお、一括質問一括答弁方式の場合には、どの順番で答えるのかなども関係します。

 議会を恐れないために

議会答弁術や所作は、議事録や動画などであらかじめ確認しておけば、本番で慌てなくて済む。

4 議員の「質問パターン」を理解する

▶ どんな質問にも答弁できるよう、準備することが前提

　課の責任者である課長は、担当する事業について質問があった場合、必ず答弁しなければなりません。しかし、議員の質問の内容は、本当に様々です。委員会で質問通告制度が導入されている自治体は、少数かもしれませんが、質問の通告があれば、委員会本番でどのような質問が来るのか、ある程度の予想ができます。

　通告制度がない場合も、担当課長としては、どんな質問がきても答弁しなければなりません。それが、課の責任者としての役割です。このため、どのような質問にも答弁できるように準備することが大前提です。

　議員から質問されても、「資料が手元にないので答えられません」「ご質問の点については、内容を理解しておりません」では、議員だけでなく、部長や首長からも叱責されてしまいます。

▶ 案件の内容から、質問を予想する

　通告制度がない場合でも、質問をある程度予想することは可能です。委員会の議事録を読めば、過去にどのような質問があったのかを確認できるからです。

　例えば、毎年第3回定例会の委員会で、「マラソン大会の実施状況」を報告するとします。この場合、「例年と違う点はあったのか」「事故などはなかったのか」「今後の課題は何か」など、質問される内容はだいたい決まっています。

　また、ある事業の廃止を報告するとします。その場合も、「廃止理由

は何か」「廃止によって、不利益を被る人はいるのか」「代替事業はあるのか」「住民には、どのように周知するのか」など、やはり質問される内容を想定できます。

このように、案件の内容によって、議員の質問パターンをある程度予想できます。管理職になりたての頃は、こうした勘所を把握するのは難しいかもしれませんが、経験を重ねていけば身についてきます。

▶ 議員個人に着目して、質問パターンの法則を見つける

また、議員個人に着目して質問のパターンを導き出すことも可能です。これは、簡単に言えば「○○議員の場合、△△という視点で質問する場合が多い」という一定の法則のようなもので、具体的には次のようなものです。

①議員個人の興味や思考によるもの

リサイクルに興味がある、いつも前年比較の視点から質問する　など

②議員の地盤に関係するもの

施設整備については、地盤の○○地区と他地区との比較を聞く　など

③議員の支持者や関係団体に関するもの

卓球連盟会長のため、スポーツ施設の質問が多い　など

④議員個人の性格によるもの

論理的に質問する、情に訴える、自分の主義主張ばかり述べる　など

なお、本章【2　議員の名前・顔・所属会派・役職をインプットする】でも触れましたが、議員個人が情報発信するブログやツイッターなどのSNSからも、こうしたパターンを見つけ出すことができます。

 議会を恐れないために

どのような質問が飛んでくるのか、最初は恐怖に感じてしまうもの。しかし、経験を重ねれば、必ず慣れてくる。

5 議会の「ローカルルール」を把握する

▶ ローカルルールの範囲は意外に広い

　各自治体の議会には、それぞれの独自の決まりごと、ローカルルールが存在します。例えば、前項で説明した答弁の作法もそうですし、全員協議会の内容や位置づけも自治体によって異なります。

　その他にも、議員の報告や周知の方法（書面、メール、実施日等）、一般質問や委員会質問への対応方法（発言通告の締切日、通告後の議員の取材方法等）などもあります。公の本会議・委員会だけでなく、非公式な場面も含まれます。このように、ローカルルールの範囲は意外に広いため、注意が必要なのです。

　これらは、一般的には明文化されていません。一部の自治体では、管理職昇任者を対象に議会対策の研修を実施している例もあります。ただし、研修を行う自治体は少数であり、多くの場合は先輩管理職から口頭で教わります。さらにいえば、現実には、独断で対応して失敗してしまい、その段階で初めてローカルルールの存在自体を知るケースもあります（「そんなルールがあるなら、前もって教えてほしかった」と嘆く新任管理職も少なくありません）。

　管理職昇任直後は、議会対応で判断に迷ったら、**細かいことであっても、積極的に先輩管理職に聞いたほうが無難**です。まさに「聞くは一時の恥、聞かぬは一生の恥」です。

▶ 申し合わせ集を作成している自治体もある

　先輩管理職に質問する以外に、ローカルルールを把握する方法として、

申し合わせ集の確認も重要です。申し合わせ集とは、**議会内で決めた、法令や議会会議規則に掲載されていない、その議会特有の決まりごとを集めたもの**です。

例えば、ある議員が一般質問の通告後に病気となり、本会議での質問ができなくなったとします。こうした緊急事態への対応方法が、事前に指定されていればよいのですが、決まっていない場合は、そのときになって初めて、議会内でその対応を決定することになります。なぜなら、会派間の調整が必要だからです。

このとき、仮に「通告後に質問ができない場合は、文書質問に変更する」ということが議会内で決まれば、これが1つの申し合わせとなり、先例となります。今後、同様のことが起こった場合には、同じように処理されます。こうした申し合わせの内容は多岐にわたるため、一度目を通しておくと、より議会運営の実態を理解できます。

ちなみに、この申し合わせ集の存在は、一般の管理職は知らないこともあるので、議会事務局の管理職に確認しましょう。

議事録や動画から把握する

また、議事録や、ホームページに掲載されている委員会の動画で確認することも有効です。一括質問一括答弁方式であれば、複数の質問に対して「誰が、どの順番で答弁しているのか」がわかります。実際には、①質問の内容順、②役職の高い順、③行政組織の順番、などがあります。

また、動画であれば、答弁の所作なども確認することができます。

> ✔ **議会を恐れないために**
>
> 申し合わせ集には、執行機関に関係のない、議会内だけの内容も多い。しかし、その知識がいざというときに役立つことも。

6 議員への報告は「タイミングと順番」が命

▶ マスコミ発表よりも前に伝える

「世論調査の集計結果がまとまったので、議員にその資料を送付する」など、議員全員に対して一度に報告することは、よくあります。一方で、管理職として、個別の議員に報告するというケースもあります。この際に重要なのが、**「いつ・誰に・何を・どのように」を間違えない**ことです。

例えば、担当する施設の壁が崩壊し、市民がケガをしたとします。この事故報告は、マスコミで発表されるよりも前に、議員に周知しておくことが必要です。「テレビで事故が報道されているが、自分は報告を受けていない」となると、議員としては立場がありません。

なぜなら、一般の住民と同じタイミングで事故を知ることになると、住民から「あの議員は、テレビで報道されるまで事故のことを知らなかった」「市政について、きちんと把握していないのではないか」と思われてしまいます。それでは、議員としての資質を疑われてしまうからです。

▶ どの議員に伝えるべきか

事故報告を議員全員にすべきかは、事故の規模や、その自治体の前例にもよるので一概にはいえません。

事故が小規模であれば、正副議長以外に報告すべき議員としては、①各会派の幹事長、②施設を所管する常任委員会の委員、③その施設のある地域を地盤とする議員、などが考えられます。どれが正解ということはなく、前例などに照らし合わせて、適切なものを選択します。

なお、幹事長への報告は、その会派に所属する議員全員に対して報告

したことと同じ意味を持ちます。常任委員会に、すべての会派の議員が所属している場合も、すべての会派の所属議員に報告したことになります。しかし、この場合は、会派に属さない議員（いわゆる一人会派の議員）への報告について、注意する必要があります。

また、**議員に伝える際には、「各会派の幹事長にお伝えしているのですが……」のように、どの立場に対して報告するのかを明確にします。**これをしっかり伝えないと、幹事長から他の議員に伝わらないなどのケースが発生してしまいます。

▶ 基本的には、資料を用いて報告する

事故報告であれば、事故が発生した日時、場所、原因、被害状況、再発防止策などの必要な情報を伝えることになります。マスコミに伝える内容よりも少ない情報では、トラブルになってしまいます。

こうした個別の情報提供とは別に、委員会報告など正式な議会の報告の有無、マスコミのプレス発表時刻も併せて伝えておきましょう。

さらに、報告の際には資料を用いるのが基本です。その理由は、①間違った情報が広まらないようにする、②後に「報告を聞いていない」などのクレームを防止する、などが挙げられます。

例えば、幹事長への報告であれば、幹事長はその資料をコピーして所属議員に配布するだけなので、間違いが起きにくくなります。もちろん、極めてセンシティブな内容の場合や、緊急を要する場合は、口頭報告ということもあります。

なお、**議員に渡した資料は、配付した年月日・議員名をメモして保存しておきます。**そうすれば、やはり「報告を聞いていない」などのクレームを防止することができるからです。

✔ **議会を恐れないために**

与党会派の議員にのみ報告して、野党会派の議員には報告しないということもあるので、報告の際には十分注意する。

7 ボタンの掛け違いを防ぐ 「議員への根回し」

▶ 根回しで、無用な混乱を事前に取り除く

　自分の業務を円滑に進めるためには、議員との関係を良好に保つ必要があります。これは、何も「常に議員の言うことを聞かねばならない」という消極的で卑屈な態度で臨めということではありません。

　行政側も議員側も、それぞれの立場は対等です。ですから、お互いが能力を最大限発揮できるような環境づくりをしておくということです。つまらない「ボタンの掛け違い」などで発生する、無用な混乱は事前に取り除いてしまったほうがお互いのため。それゆえ、**議員への根回しは必要不可欠**なのです。

▶ 根回し不足が継続審議や否決を招くことも

　委員会で自分が担当する条例の改正案が審議されるとしましょう。このとき、「議案の審議は、委員会でされるもの」として、委員会当日までに議員に接触しなかったとします。

　そうすると、議員もそこで初めて行政側の説明を聞くことになるため、多くの疑問が出てもおかしくありません。しかし、その質問が実は的外れなものだと、傍聴している住民の前で議員は恥をかくかもしれません。

　また、議員も自分が行った質問に対して、行政側から的確な答弁を得ることができなかったとすれば、**与党会派であるにもかかわらず、議案に反対してしまうこと**も起こりえます。こうなると、当該課長は首長からも叱責されてしまうでしょう。

　これは、少し極端な例かもしれません。しかし、議案でなくても、委

員会であれば報告案件でも、同様のことは起こりえます。

確かに「正式な審議は委員会でされるものだから、事前に根回しするなんておかしい」という意見も理解できます。しかし、実のある審議にするために、担当課長として議員に対して十分な準備を行っていたかと考えると、先のような意見は、やはり疑問が残ってしまいます。

「事前に根回ししていたら、委員会当日のやり取りはお芝居になってしまうのでは」と思う人もいるかもしれません。しかし、委員会での審議をより実のあるものにするためには、事前に議員の疑問や意見を確認しておいたほうがよいのです。根回しは、やはり必要なのです。

▶ 根回しを行うケース

本会議・委員会などの案件以外にも、根回しをしておいたほうがよいケースがあります。それは、プレス発表の内容や、ホームページなどで対外的に発表される時です。

具体的には、不祥事を含む事件・事故、新規事業の実施、サービスや施設の停止・廃止、自治体としての態度表明（首長コメントの発表など）などがあります。これらは、住民よりも前に議員に伝えておかないと、議員は住民に聞かれても、何も答えられないということが起きてしまうからです。これでは、やはり議員は恥をかいてしまいます。

なお、**対外的に発表しない内容でも、議員の地盤に関することは、事前に伝えておいたほうがよいことがあります**。例えば、マンションの建設計画、町会・自治会関係、空き家問題などです。これらはこの段階では根回しというよりも報告に近いのですが、後々、行政として課題になることが多いのです。このため、長期的に見れば根回しとなるのです。

 議会を恐れないために

ベテランの管理職であれば、議員への根回しの技術を心得ているもの。早めに教えを乞いにいって、その技術を盗む。

8 押さえておきたい２種類の「キーパーソン議員」

▶ 議員には様々なタイプがある

議員には、本当に様々なタイプの方がいます。各種データを集めて論理的な切り口で質問する議員、議員としての経験が長く行政ににらみをきかす長老、他の議員とうまく連携できず我が道を貫く一匹狼、とにかく自分を大きく見せようとするタイプなど、一人ひとり異なります。

こうした議員の歴々を相手にして、自分の業務を円滑に進めるためには、キーパーソンとなる議員を押さえておくことが肝です。キーパーソンには２種類あります。それは、１つは役職に関するもので、もう１つは属人的なものです。

▶ 役職に基づくキーパーソン

役職に関するものは、単純明快です。**議長・委員長などの議会内の役職にかかるもの、幹事長・政調会長などの会派にかかるもの**だからです。

当然ながら、個別の案件で議会に報告する場合は、議長が第一順位となります。議長は議会の代表ですから、議長よりも先に他の議員に報告するということは、一般的にはありません。議長への報告後は、誰に報告するかについては、本章【6　議員への報告は「タイミングと順番」が命】で述べたとおりです。

また、会派に報告するということもあります。この場合も、一般には幹事長への報告となります。幹事長は、会派の代表ですから、これもまた当然です。このように、議員が誰であるかは関係なく、その役職にいるからこそ、キーパーソンになるということです。

▶ 属人的なキーパーソン

　より重要なのは、属人的にキーパーソンとなる議員です。特徴として、その議員の役職に関係なく（もしくは、何の役職にも就いていなくても）**他の議員に顔が利く、議会内を取りまとめてくれる、行政側の事情を汲んでくれる、行政側と太いパイプがある**、という点が挙げられます。実際に、自分が「この議員は、議会内のキーパーソンだな」と思った方には、次のような議員がいました。

　一人目は、最大の与党会派には、高齢のベテラン議員が多数いる中で、その人たちよりも若干若手で、実質的にその会派をまとめてくれる議員です。この議員は、ベテラン議員からの苦情を抑えてくれたり、他会派との意見調整をしてくれたりする、とても行政側にとってはありがたい存在でした。最大の与党会派をまとめてくれるため、結果として議会内を取りまとめてくれたことになるのです。

　二人目は、与党第二会派の議員です。この方は、若いながらも議員歴が長く、また、もともと与党最大会派との関係が深い方でした。経験豊富なため、新人議員の面倒をよくみており、新人議員と行政とのパイプ役になってくれるので、多くの議員から信頼されていました。また、行政側の職員とも仲がよく、ある種人たらしの一面があり、議会内と行政側、双方から信頼が厚かったのです。この方にも、いろいろと相談に乗ってもらったことがあります。

　こうした議員とは、本音で話ができるため、本当にありがたい存在です。このようなキーパーソンの議員のおかげで、うまく議会対応ができた経験は一度や二度ではありません。

　✓ **議会を恐れないために**

　誰がキーパーソンの議員なのかは、経験を重ねればわかってくるもの。見つけたら、腹を割って話せる関係をつくろう。

9 議員からの「質問の相談」には積極的に対応する

▶ 議員が質問の相談をする背景

議員の大きな役割の1つは、執行機関に対して質問をすることです。首長も議員も選挙で選出される二元代表制においては、議会が首長の暴走を止めるチェック機関としての役割を持っているからです。また、議員がどのような質問をするのかは、投票で議員を選ぶ住民も注目しているため、議員も大いに気にしています。

一方で、**議員は行政のあらゆる分野について、十分な知識を持っているというわけではありません。**行政側の担当課長が担当分野を熟知しているのとは異なり、様々な住民から相談を受ける議員は、行政の各分野について広くカバーしているものの、深い部分まで熟知しているわけではないのです。

以上のような背景があるため、議員が管理職に質問の相談をしてくることがあります。

▶ 質問の相談例

質問の相談としては、次のようなものがあります。

①委員会における条例改正案の審議にあたり、自分が行う予定の質問の内容が間違っていないか、事前に確認をしたい

②予算委員会で、自分が国民健康保険会計について質問することが会派内で決定したので、現在の国保の課題を教えてほしい

③次回の定例会で、一般質問をすることになったので、何か質問を考えてほしい

もうおわかりかもしれませんが、この①〜③では、行政への依存度が異なります。①は議員が事前に勉強したことの確認ですが、③では行政に対して質問を丸投げしています。

　新任管理職であれば、「議員が、自分で質問を作らないことがあるのか？」と思うかもしれませんが、実際にはありえます。議員が行政に依存してしまっているケースもありますが、勉強する時間がないなどの理由から、とにかく質問のヒントを得たいという思いもあります。

事業をアピールできる機会と考える

　こうした相談があったときは、積極的に対応するのが吉。なぜなら、**質問の相談は自分の事業を理解してもらえる絶好の機会**だからです。

　先述のとおり、議員は必ずしもそれぞれの事業に十分詳しいわけではありません。事業内容を誤解していたり、認識不足だったりすることもありえます。すると、議員から住民に対しても事業の内容が不正確に伝わってしまう可能性があり、結果的に住民にとってもマイナスになってしまいます。このため、質問の相談は、事業をアピールできる機会だと考えたほうがよいのです。

　もちろん、「この議員に貸しをつくった」「こちらの思惑通りにできる」と考えることもできます。しかし、議員への対応はそんな簡単なものではありません。**議員を見くびってそのような態度を示せば、いずれ議員からのあたりが強くなるのは必至**。また、事業を熟知すれば、今後は、より厳しい質問につながるかもしれません。

　単に、議員との関係を考えるのでなく、その先にいる住民を見据えて質問の相談に乗ることが重要なのです。

> ✔ **議会を恐れないために**
>
> 質問されたくないからと、議員からの相談を避けていると、いずれ議員からの信頼を失ってしまう。

10 組織として「想定問答集」を作成する

▶ なぜ想定問答集が必要なのか

議会対応は、基本的に管理職の役割です。このため、職場によっては議員からの問い合わせや資料要求などはすべて課長が行い、係長以下は議員対応を全くしないことがあります。自治体における役職上のルールなので、それはそれで問題ありません。

ただし、「議員対応はすべて課長の役割」となってしまうと、係長以下は「自分の課が、議員からどのように思われているのか」という視点を持てなくなります。これでは、課長が病気や事故で不在の際に、議員対応が全くできず、組織運営上、支障をきたしてしまいます。

そこで、組織として「想定問答集」を作成しましょう。想定問答集は、一般的に課長が議会で質問されても対応できるように作成しますが、これを部下に作らせます。組織として想定問答集を作成することには、①部下に議会対応の視点を持たせることができる、②事業を見直すきっかけとなる（事業の質を高めることができる）、③組織としての成果を高めることができる、という3つの利点があります。

▶ 想定問答集を作成させるには

仮に、自分の課で想定問答集を作っていない場合、次のような手順で部下に作成を指示します。

①想定問答集の必要性の説明

想定問答集の作成は、課長のためだけでなく、先の①〜③に示したメリットがあることを説明し、その必要性を訴えます。

②想定問答集の具体例の提示

想定問答集には、テーマ別・一問一答形式など、いくつかのパターンがあります。他部署で作成した具体例を示して、参考にしてもらいます。

③期日を指定し、作成を指示

想定問答集を活用するのは、決算委員会や予算委員会が主です。このため、この時期にあわせて締切日を設定し、作成を指示します。

④内容のチェック・確認

想定問答集ができたら、課長が次の点をチェックします。議員が質問しそうな内容になっているか、項目の順番は適切か、箇条書きなど一目でわかる記述になっているか、数値やデータに間違いがないかなどです。

想定問答集を実際に活用するのは、課長自身です。このため、**使いにくければ、遠慮なくダメ出ししましょう。**それが、部下の勉強にもなるからです。

▶ 将来の管理職の養成につながる

一般職員のときに、想定問答集を作成した経験があればおわかりだと思うのですが、作成過程で「議員が、本当にこんな質問をするのだろうか」と感じることがあります。しかし、議員にはいろいろな方がいるため、行政側では思いもつかないことを質問することもありえます。

実際に答弁する課長はそれを実感できますが、部下にはその感覚がわかりません。それを教えるのが、想定問答集なのです。「なぜ、課長はわざわざこんなものを自分たちに作らせるのか」と反発する部下もいるかもしれません。しかし、部下が管理職になれば、きっと意義を実感するときがくるはずです。近い将来の管理職養成のためにも、必要だといえるでしょう。

✔ 議会を恐れないために

「作らされている」という義務感でなく、「組織として必要なものだ」と部下に理解してもらうことが大事。

首長への諫言

　あくまで肌感覚ですが、首長に諫言できる管理職はかなり少数だと思います。ただ、諫言する職員はいます。それは、単に首長と考えが違うというよりも、政治家である首長には気が付きにくい、役人としての視点が発揮されるときです。

　例えば、使用料や手数料などは、どこの自治体でも定期的に見直されて、引き上げられます。しかし、初当選したばかりの首長は、どうしても住民の目を気にしてしまい、消極的になってしまうのです。当選直後であれば、なおさらでしょう。

　そうした際に、副首長が「市長、これは4年に1回、必ず実施しているものです。ですので、役所として実施しなくてはいけません」と強く首長を戒めることができるのか否かが、大きく問われることになるのです。少し大げさかもしれませんが、役人としての真価が問われる時と言っても良いかもしれません。

　しかし、このような時に保身に走ってしまい、副首長自ら、「今回は見直しせず、先送りしましょう」とおもねるような態度を取ってしまうことも少なくないのです。こうして、行財政運営はゆがめられていきます。

　もちろん上司に従うのは公務員の義務ではありますが、経営層である管理職になったのならば、首長に意見することも大事な機会です。もちろん、諫言のつもりで話し始めたところ、一喝されて終わりということもあるかもしれませんが。

第**3**章

自治体管理職の三大業務その2

「部下指導」の
ポイント

· ·

１人ひとりの部下が、持てる力を最大限発揮できる
環境を整える。これこそが管理職に求められる要件
の１つです。本人の成長と組織の成果を両立させる
ために、管理職として伴走してください。

· ·

1 「係長との関係」が課の命運を左右する

▶ 課は、課長・係長・一般職員の三層構造

　課長は経営層ですから、「ヒト・モノ・カネ」という経営資源を上手にマネジメントして、課の目標を達成し、成果を挙げる必要があります。

　「ヒト」の部分に着目すると、組織はピラミッド型で構成され、課は課長・係長・一般職員という三層構造になります。このため、課長と係長との関係がうまくいっていないと、課としての成果を挙げることはできません。

　例えば、課長が係長を飛ばして、いつも一般職員に直接指示をしてしまうと、**課長自らがこの組織形態を壊しているようなもの**です。こうした課長の下にいる係長ならば、「課長がいつも係員に指示するのであれば、係長なんていらないのでは」と考えてしまいます。

　課の命運は、課長と係長との関係に大きく左右されるといっても過言ではないのです。

▶ 係長会を上手に活用する

　組織をうまく運営するためには、どのような点に注意したらよいでしょうか。1つは、係長会を上手に活用することです。

　一般的には、部内で課長会が実施された後は、係長会が開催されます。それは、全庁的に周知する必要がある場合、部長会→課長会→係長会のように、組織のピラミッドの上から下へ情報が伝達され、結果的に全職員に周知されるからです。

　しかし、係長会を課長からの一方的な報告や周知だけで終わらせるの

は、もったいないことです。定例的なもの以外でも、上手に係長会を活用することが望まれます。具体的には、係間の情報共有、進捗状況の確認、課題に対する議論の場にするなど、係長会の使い方はいろいろと考えられます。

　課長としては、課運営の中で係長会をどのような位置づけにするのかをルール化しておき、すべての係長に認識してもらうようにします。

　例えば、係長会を開催する場合として、①**課長会開催時**、②**予算要求時**、③**全係に周知が必要なとき**、などと明文化しておきます。これによって、課長だけでなく、係長からも係長会開催を求めることができるようになるのです。そうすると、これが課のルールとなり、円滑な組織運営に寄与してくれます。

係長とじっくり話す時間を意識的に設ける

　係長会のようなルール化された制度を構築する一方で、課長は係長一人ひとりとじっくりと話すことが必要です。**多くの人が参加する係長会では、特定の係の問題点などを議論することはできないからです。**

　課長としては、係長から「相談したいことがあるのですが」との話があった場合は、腰を据えて対応することが必要です。「今は忙しいから、後で」と告げたまま、いつまでも放ってしまうと、係長と良好な関係を築くことはできません。

　係長からそうした申し出がない場合でも、課長としてはじっくり話す時間を意識的に設けましょう。そうした中で、普段は聞けないちょっとした係の問題点を知ることができます。また、一対一で話すことで、お互いの人柄を理解しあうことができ、双方にとって非常に有益なのです。

✔️ **コミュニケーションの鉄則**

課長には、係長が十分に活躍できるよう、環境づくりを行うことが求められる。

2 自己申告面接で職員の本音を聞き、距離感を縮める

▶ 職員との一対一の時間を有効に使う

　自己申告面接は、一般的には年2回実施されます。1回目は、年度当初に行われるもので、組織目標を定めた後に、個人の目標を設定するための面接です。2回目は、年度末に実施される、目標の達成度を検証するための面接です。

　職員の人数が多い場合、相当な時間を要します。しかし、面接は職員一人ひとりの本音を知ることができる重要な機会ですから、課長としては、せっかくの職員との一対一の時間を有効に使いたいものです。「目標は何ですか？」「他に何かありますか？」のような、**当たり障りのない面接にしてしまってはNG**。職員の本音を知ることは、とてもできません。

▶ 担当職務と職場の人間関係について確認する

　職員から引き出す具体的な内容としては、まず職務に関することが挙げられます。円滑な組織運営のためには、職員一人ひとりが担当業務を確実に行うことが求められます。このため、担当業務の内容や問題点などを職員目線で聞き出しましょう。

　例えば、「現在は、どのような業務を担当しているの？」「業務を行うにあたって、何か問題になっていることはある？」など、職員の立場に立って質問します。

　こうしたとき、部下が何か問題を述べても、「それは、予算も必要だからできないよ」などと、すぐに否定してしまったり、自分の経験を語っ

たりしてしまう課長がいます。しかし、これでは職員も発言しにくくなってしまいます。職員の本音を引き出すためには、課長が主体的に話すのでなく、傾聴に徹するなど、**職員に語らせるための配慮が必要**です。

　また、職場の人間関係についても確認します。「係長や他の係員との関係で、何か困っていることはある？」「職場の人間関係はどう？」などの質問を投げかけて、反応を窺います。

　日頃からストレスを感じている職員であれば、必ず何らかのリアクションがあるので、それを聞き出すのです。特に、**係長との関係がうまくいっていない職員には注意が必要**です。係長との面接の中でも、その職員との関係を確認するなどして、早めに係内の問題を把握しておきましょう。

把握しておくべき私的な事情もある

　なお、興味本位にプライベートな質問をするのは、もちろんNGですが、把握しておかなければならないこともあります。

　具体的には、同じ課内での結婚、親の介護のための休暇取得、育児のための時差出勤、本人の健康問題などがあります。これらは異動や勤務時間に影響するため、単に本人だけの問題ではなく、他の職員への影響も出てきてしまうからです。場合によっては、年度途中での異動や会計年度任用職員の準備なども考えなければなりません。

　なお、こうした情報を得た際には、本人の希望や意思を確認することはもちろんのこと、早めに人事課にも情報提供しておいたほうがよいでしょう。そのほうが、人事課も異動や職員採用の準備ができるからです。

✔ **コミュニケーションの鉄則**

職員の本音を引き出すためには、面接時に話しやすい環境づくりにも十分配慮する必要がある。

3 「半歩先の目標」を示して 職員を育てる

▶ 本人の成長を見据え、目標を共有する

　前項で述べたとおり、自己申告面接では、職務とプライベートについて、職員の立場になって「本音」を聞き出すことが重要です。ただ、課の運営をよりよくするためには、職員から一方的に聞き出すだけでなく、職員の成長を見据え、目標も併せて共有したいものです。

　職員は、「課長は、自分のことをどのように思っているのだろうか」と、気にしています。また、同様に「今後、自分はどのような役所人生を歩むのだろうか」と、自分の将来を不安視するものです。

　職員にはこうした思いがあるため、課長には個々の職員の目標を一緒になって考え、できるかぎりのアドバイスをすることが求められます。

　ただし、その際、**長期的な目標よりも、短期的な目標を考えることが大切**です。あまりに長期的な目標では、現実味が薄くなりますし、同じ職場にいる間に目標が実現することは困難だからです。それよりも、本人の現状より、半歩先の「ちょっとした目標」のほうがよいでしょう。

　なぜなら、お互いに目標実現の検証が可能になりますし、PDCAサイクルによって、本人の継続的なスパイラルアップにつなげることができるからです。

▶ 職員と課長の意向をすり合わせる

　ポイントは、職員自身の「どうなりたいのか」と、課長の「どうなってほしいのか」をすり合わせることです。

　例えば、係で中心的な役割を担っている主任がいたとします。本人は

やる気もあり、係長からの期待も高く、成果もそれなりに挙げています。本人は、今後も係内で未だ担当したことのない業務を行っていきたいと考えているとします。

しかし、課長としては、今後この主任が係長や管理職に昇任していくことを見据え、指導力を身につけてもらいたいと思っています。なぜなら、仕事の進め方にやや独善的な部分を感じていたからです。そのため、後輩職員の指導や課内のプロジェクトチームのリーダーなどの経験を積んでほしいと考えているのです。

こうしたズレを両者が確認し、すり合わせを行います。職員と課長が意見交換をすることで、進むべき方向性が明確になってきます。

▶ 課長のアドバイスが、職員の能力を開発する

なお、職員の目標は、職務に関するものだけとは限りません。昇任試験や自己啓発にかかるものなども含まれます。例えば、昇任試験であれば、課長は自身の経験を踏まえて、勉強方法やスケジュールなど、具体的なアドバイスができます。

課長からのアドバイスで、職員の能力開発が進めば、今後様々な部署でその職員は大きく活躍してくれるはずです。また、本人のやりがいにつながれば、職員にとってもプラスになります。そうしたちょっとした手助けができるか否かで、職員の育成は大きく変わってくるのです。

課長としては、「自分なんかが、アドバイスをできるのだろうか」と躊躇してしまうかもしれません。しかし、何も大上段に構える必要はありません。自分のこれまでの経験を踏まえて、役に立ったと思うことを伝えればOK。**「支援する」姿勢を見せることが何より重要**なのです。

✔ **コミュニケーションの鉄則**

年度当初で目標を共有し、年度末でその進捗度合いを確認できれば理想的。

4 絶対に守らせるべき「組織の秩序」

▶ 組織人としての立場を理解していない部下

　円滑に組織が運営されるためには、組織に属するメンバーがそれぞれ自分の立場と役割を認識していることが前提です。

　かつて、そのことを強く認識させられることがありました。私が若手の頃、隣の係がまさに組織崩壊のような状態だったのです。係長が部下である係員を統率できず、係員一人ひとりが好き勝手に業務を行っているような状態でした。その係の主任は、とてもやる気のある職員だったものの、やや自己顕示欲の強いところがありました。来年度の予算要求を検討していたある日、彼は担当していた事業の予算要求額について、係長を飛ばして課長に直接相談にいったのです。

　課長は、そうした事情を知らずに、彼の話を聞いていました。しばらくして、「それで、係長は何と言っているんだ？」と尋ねたのです。彼は、「いえ、係長に相談はしていません」と即答。そこで、課長は「係で検討もしていないのに、なんで俺のところに相談にくるんだ。係で話をまとめてから、課長に相談するのが筋だろう」と激怒したのです。彼は、「申し訳ありません」と謝るしかありませんでした。

　組織秩序からいえば、係で決定したことを、課長に上げることになります。**主任が係長に相談せずに、勝手に課長に相談するのはルール違反**です。それでは、係長の存在意義がなくなってしまいます。たとえ、仮に頼りない係長であってもです。

▶ 課長自身も注意が必要

　部下が組織人であることをわきまえないケースは、他にもあります。個人的な関係があるからといって、係長が課長を飛び越して、部長に相談する。正式な人事異動の発表前に、人事係が異動情報を同期に流す。自分の担当とは全く関係のない、隣の係の業務にあれこれと口を出す。

　枚挙に暇がありませんが、組織秩序を乱す行為を見過ごすことはできません。あくまで組織人として振る舞うことが必要なのです。

　また、課長自身も注意しなくてはいけません。例えば、あまり快く思っていない係長がいても、**あくまで係長という役割に着目して関係を築く**のです。また、個人的に親しい主任がいたとしても、勤務時間中は課長と主任という立場で接します。こうした姿勢が重要であって、個人的な感情と組織人としての役割を混同してしまうと、課の運営に支障をきたしてしまいますので、注意しなければなりません。

　日々忙しい課長としては、つい頼みごとがしやすい職員や、以前から個人的に知っている職員などに頼ってしまうことがあります。しかし、それが課の組織秩序を超えたものであると、他の職員から反発されてしまうのです。やはり、役割に徹することが必要なのです。

▶ 名前で呼ばずに、あえて「係長」と呼ぶのも１つの方法

　なお、係長の中に、組織人としての認識が低い人がいる場合、名前で呼ばずに、あえて「○○係長」と職名で呼び、係長を意識させる方法があります。また、打ち合わせなどの時に、「係長としては、どう考えるの？」などと言うのも効果的です。

 コミュニケーションの鉄則

組織人としてのふるまいを忘れると、自ら組織秩序を壊してしまうことがある。そして、組織運営ができなくなってしまう。

5 強権的指示は極力避け、 「支援」を心がける

▶ 指示ばかりでは、職員のモチベーションを下げてしまう

　課長歴が長くなると、つい忘れがちなのが、課長は大きな権限を持っているということです。

　課長と一般職員は、職務上、上下関係であるのは厳然たる事実です。だからといって、課長が威張り散らして、いつも部下である職員に指示ばかりしていては、職員が不快感を抱くのは当然のこと。**職員のモチベーションが下がれば、組織の実績も上がらず、結果的に課長自身も自分の評価を下げてしまう**でしょう。

　課長としては、自分が指示しなくても、職員が主体的に動いてくれるような環境づくりを行うことが必要です。そのためには、職員一人ひとりへの支援を心がけ、強権的指示は極力避けることが求められます。

▶ 職員を支援するための環境を整える

　職員を支援するためには、課長と職員との間で円滑なコミュニケーションを構築できていることが大前提です。具体的には、課長からも職員からも、互いに気兼ねなく声をかけられる環境が求められます。

　そのためには、課長は日々の挨拶を欠かしてはいけません。挨拶をしない・できない職員は少なくありません。しかし、課長は組織の範である必要があります。課長が無言で出勤・退勤していては、部下は話しかけようとは思わなくなるでしょう。朝夕は、必ず課長自らが挨拶を率先しましょう。

　また、できるだけ職員と話す時間を意識的に持ちましょう。事業につ

いて係長が相談に来た場合は、あえて実務に詳しい主任も同席させて、一緒に話を聞くようにします。また、課長が質問する際も、必ず係長と担当者を一緒に呼んで尋ねるなど、一般職員を同席させるようにするのです。このような、ちょっとした工夫が効果的です。

なお、当然のことながら、「課長、ちょっといいですか」や「ご相談があります」と職員から言ってきた場合は、しっかりと話を聞く時間をとります。もちろん、忙しいときには時間を変更するなどのケースもありますが、職員からの申し出を放置しては、関係が悪化してしまいます。

職員と接する機会を確保できれば、職員との間で円滑なコミュニケーションを確保できます。そうすれば、職員一人ひとりにどのような支援が必要なのかが見えてきますし、具体的なアドバイスも可能となります。

実際に行う具体的な支援は、職務上に限らず、キャリアプラン、昇任試験対策、自己啓発など様々です。課長として、自分の経験などを踏まえて、できるかぎりの支援を行います。一般職員から見れば、課長は自分より上にいる人です。その人から支援されていると感じられれば、モチベーションも高まるはずです。

▶ 強権的指示は、最終手段と心得る

課長として、強権的指示をしなければならない場合も、もちろんあります。職員の執務態度に問題がある、何度注意しても改まらない、わざと反抗的な態度を取るなどの場合です。毅然として強権的指示を行わなければ、上記の状況を放置することになり、それは問題です。

ただ、感情的になるのはよくありません。**本人の病気や障害などの可能性もある**からです。また、職員の処分につながる場合には、人事課との連携も必要になってきます。

> ✔ **コミュニケーションの鉄則**
>
> 職員に話をする際に、課長の自慢話になったり、一方的な押しつけになったりしないよう、あくまで支援を心がける。

6 何気ない「声かけ」で 話しやすい環境をつくる

▶ 職員から課長に声はかけにくいもの

　新人や若手の頃を思い出すと、「昔は、課長と話す機会なんて、ほぼなかった」「課長と話した回数なんて年に数えるほど」、そんな感じではなかったでしょうか。

　今の新人・若手職員にとっても、課長は遠い存在です。やはり、職員としては、課長に声はかけにくいのが現実でしょう。しかし、課長自身がそのことを十分自覚していないケースもあります。

　「うちの課の職員同士は、課長以下、みんな和気あいあいだ」と思っているのは、実は課長だけで、係長以下の職員はそう感じていないことはよくあります。だからこそ、課長自ら声かけすることが重要なのです。

▶ 普段会話しない職員と話す機会を意識してつくる

　日々の挨拶は当然として、様々な場面を捉えて、職員と話す機会を設けましょう。例えば、ある事業に関して打ち合わせをする際、事業を担当する係員全員と課長で話す機会があったとします。

　こうした場合、係長と課長が中心になって話すことが多くなりがちですが、「○○さんは、これについてどう思う？」などと話を振り、普段あまり会話をしない職員にも発言機会を意識的につくりましょう。

　課長になると、どうしても係長と話す機会が多くなります（その中でも、庶務担当係長と話すことが最も多いはずです）。どうしても、自ら意識しなければ一般職員と話す機会は少なく、1年を終える頃には、「結局、話したのは、自己申告の面接のときだけだった」ということになり

かねません。当然、一般職員と課長の間に、壁が築かれてしまいます。

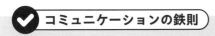 「たちつてとなかにはいれ」

一般職員と話す内容は、他愛のない内容でかまいません。「拡大コピーって、どうするんだっけ？」でも、「この会議室の空調は、いつも調子悪いね」でもよいのです。なお、雑談で使える会話ネタに下記があります。

◎雑談で使える会話ネタ

たちつてとなかにはいれ	木戸に立てかけし衣食住	たのしくはなすこつ
た：食べ物	木：気候・季節	た：旅
ち：地域	戸：道楽（趣味）	の：乗り物
つ：通勤・通学	に：ニュース	し：仕事・趣味
て：天気	立：旅	く：国（故郷）
と：富（景気）	て：天気	は：はやり（流行）
な：名前	か：家族	な：長生き・健康
か：体	け：健康	す：スポーツ
に：ニュース	し：仕事	こ：子ども
は：はやり	衣：ファッション	つ：通信（ニュース）
い：異性	食：食べ物	
れ：レジャー	住：住まい	

もちろん、**プライベートに立ち入った話題などはNG**です。「どこに住んでいるの？」と気軽に住所を尋ねたつもりでも、もし、その職員に「現在、同じ役所にいる配偶者と別居中」などの事情があれば、答えにくいでしょう。配慮のない声かけは、要注意です。

✔ **コミュニケーションの鉄則**

一般職員は、「課長は、私の名前を知らないのではないか」と思っている。話しかけるときは、できるだけ相手の名前を呼ぼう。

7 部下が「活躍できる場」を意識的に設ける

▶ 職員一人ひとりが主体的になる職場にする

　「やらなければならない」という義務感、「やらされている」という強制感のある仕事は、苦痛でしかありません。課長や係長などの強権的な指示に従って、ただ言われたことを、そのままやるだけの仕事ならば、部下のやる気が出ないのは当然です。

　組織の成果を上げるためには、構成員である職員一人ひとりが「この課題に取り組もう」と思えることが必要です。そのためには、課長としては**部下が主体的に仕事に取り組めるよう、環境づくりを行うことが求**められます。

　その1つの方法が、意識的に部下が活躍できる場をつくることです。普段、一般の職員がスポットライトを浴びる機会はなかなかありません。業務上のことであれば、どうしても課長や係長といった、組織の長が注目されてしまうのは仕方のないことです。しかし、ちょっとした工夫で、この「活躍できる場」をつくることができます。

▶ 研修報告会

　例えば、ある市の税務課では、毎年一人の職員が県に研修派遣され、督促や差し押さえのノウハウを学びます。そして、研修終了後、その職員に学んだことを披露してもらう報告会を開催しています。

　この報告会は、派遣された職員が注目される機会といえるでしょう。報告会は、長期研修によるものでなくてもかまいません。庁内のプロジェクトチームに参加した職員による報告会なども考えられます。

また、ある部では、1年に1回、自主研究発表会を開催しています。発表会では、課長や部長だけでなく副市長なども出席するため、参加は任意ながら、出席率は高いといいます。1年間研究してきたことを、上層部の前で発表できるのは、職員にとっては貴重な機会です。

　さらに、職場でもちょっとした工夫で、活躍を評価する場をつくることができます。例えば、「〇〇君の作成してくれた想定問答集のおかげで、何とか議会答弁ができたよ。ありがとう」といった声かけも効果的です。

　こうしたちょっとした一言で、当該職員のモチベーションアップだけでなく、周囲の職員の目も変わるものです。

▶ 職員報を活用した課長

　ある職員は、片道2時間をかけて職場に通う遠距離通勤者でした。仕事に対しては真摯に取り組んでいたものの、普段はあまり目立たない職員でした。直属の課長は、その職員の真面目さが他の職員に伝わっていないことを、日頃から残念に思っていました。

　そこで、課長は以前に広報課に在籍していた経験を活かして、広報課の職員報担当に「遠距離通勤者の特集」を提案したのです。その後、実際の記事では、何人かの対象者が選ばれ、当該職員も掲載されました。

　記事では、単に遠距離通勤の大変さだけではなく、残業をできるだけ減らすためのコツなども報じられました。その職員報が発行されて以降、職場でその職員を見る目は変わり、事務改善のスペシャリストのように見られるようになりました。その後、職員のモチベーションがアップしたことは言うまでもありません。

　部下の活躍を支援し、共に喜べること。これは、管理職にとって欠かせない資質といえるでしょう。

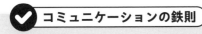
コミュニケーションの鉄則

　部下が活躍すれば、本人のやる気を高めるだけでなく、職場も活性化する。

8　部下からの相談は、必ず「面と向かって」話を聴く

▶「部下の話を聴かないオーラ」を出していないか

　部下の「今、ちょっといいですか」、あるいは「課長、お話しがあるのですが」との一言には、注意が必要です。なぜなら、そこには単なる報告だけでなく、**部下からのSOSが含まれていることもある**からです。

　そもそも課長によっては、部下からの話を聴こうという意識に欠ける人もいます。とにかく「忙しい、忙しい」を連発し、声をかけにくいオーラが全身から出ているような人です。確かに、忙しいのは重々承知ですが、職員を遠ざけてしまっていると、職員から情報を得ることができず、後々、大きな事件・事故に発展してしまう可能性もあります。

　大問題になった後に、「なぜ、報告してくれなかったのか」と尋ねても、「とても、課長に報告できる雰囲気ではありませんでした」と言われては、やはり課長に落ち度があったと言われても仕方ないでしょう。

▶ 部下を立たせたままにするか、それとも座らせるか

　冒頭のような部下の発言だけでは、当然、その内容はわかりません。そのため、忙しい場合は「時間がかかる？」などと確認して、その場で済ませるのか、後に回すのかを判断します。

　職員が真剣な面持ちで、普段とは違う様子を感じ取ることができたのならば、「会議室などを準備したほうがいいかな？」と併せて確認しておいたほうがよいでしょう。

　なお、その場で回答可能なような簡単な相談を受ける際には、部下を立たせたままにするか、席に座らせるかは、考えたほうがよいでしょう。

長い時間、職員を立たせたままにしておけば、当該職員はもちろんのこと、周囲の職員も「立たされている」と感じるからです。そうすると、どうしても威圧的な雰囲気になってしまいます。このため、短時間で終了しなさそうな場合は、席に座ってもらったほうがよいでしょう。目線も同じになり、部下も話しやすくなります。

別室で、一対一で部下の話を聴くとき

　部下からの深刻な相談の場合は、会議室を準備し、部下と面と向き合って、じっくり話すことが必要です。

　課長としては、部下の訴えをよく聴きながら、事実と意見をきちんと整理して、丁寧に内容を聴き取ります。相談内容は、担当業務に関する問題、周囲の職員とのトラブル、配偶者との関係、親の介護など、業務上に関することからプライベートに関することまで、多岐にわたります。

　相談を受ける際は、「つまり、仕事が嫌ってことでしょ？」と早急に結論を出したり、「自分が○○だったときは、こうしたよ」と部下の話を途中で遮ったりしてしまっては、部下も委縮してしまいます。

　話しやすい場づくりのコツの1つに、**部下が話しやすいように、椅子を「ハ」の字に配置する方法**があります。真正面に対峙しなくなるので、相手の視線が常に気になるということがなくなります。

　部下の話を聴いた後、その後どのように対応するのかは、ケースバイケースです。人事課など、他部署との連携なども必要となるかもしれません。単なる部下の認識違いであれば、教え諭すことも必要です。いずれにしても、部下からの真剣な相談には、腰を据えて対応しましょう。

✔ コミュニケーションの鉄則

「課長は、自分の話をしっかり聴いてくれている」と部下が思わなければ、部下の心は離れていってしまう。

9 「問題職員」には係長や 人事課と連携して対応する

▶ そもそも本当に問題職員か

「問題職員」とは、組織運営上もしくは人事管理上、問題を起こしている職員のことを指します。具体的には、次のようなタイプがあります。

①素行不良

無断欠勤、注意しても遅刻を繰り返す、勤務時間中にたびたび席を外して仕事をしない、業務に関係ないサイトの閲覧など

②ハラスメント

性的な発言（セクシャルハラスメント）、職務上の優位性を利用したいやがらせ（パワーハラスメント）など

③メンタルヘルスの不調

周囲の職員とコミュニケーションが取れない、情緒不安定、長期間にわたる落ち込みなど

④能力欠如

ケアレスミスが直らない、真面目に業務に取り組んでも平均的な職員と同等の成果を挙げられないなど

これらの様子が見られると、一般的には問題職員と認識されることが多いでしょう。しかし、課長としては、**周囲の職員の噂などを鵜呑みにするのでなく、自らの目で判断する**ことが求められます。

なぜなら、問題職員といわれる人たちは、すぐに噂や評判になりやすいものの、実は単に職場、上司、担当業務が合わないという場合もあるからです。つまり、課内異動や担当業務の変更などによって問題が収まることも少なくありません。このため、本当に問題職員なのか、様々な

視点から考え直してみることも必要です。

▶ まずは事実を収集する

　問題職員かどうかを見極めるためには、まず当該職員にかかる事実を収集することが必要です。その職員の行動、発言、トラブルの内容などをまとめます。場合によっては、他の職員にもヒアリングする必要もあるでしょう。

　こうした記録は、問題職員かどうかを判断する材料にもなりますが、**後日、職員に対して懲戒処分などを行う際にも、重要な証拠になります。**

　事実の収集とともに、早期に係長と人事課と連携することも必要です。係長には、当該職員の発言や行動などについて確認してもらいます。職員の近くで監督している係長は、重要な存在なのです。

　人事課は相談に乗ってくれるとともに、適切なアドバイスをしてくれます。問題職員に関する情報を提供してくれたり、産業医などの関係機関につないでくれたりします。また、懲戒処分につながる場合には、「文書で指示してください」など、具体的な内容を教えてくれます。

▶ 他の職員のモチベーションにも注意する

　課長として困るのは、人事課に相談したものの、問題職員を異動させることができず、そのまま課に在籍させなければならない場合です。この場合、他の職員のモチベーションが下がってしまうことがあります。

　例えば、問題職員の担当業務を軽減させたため、他の職員の業務が増加し、負担増となってしまうからです。「なぜ、あの人だけ特別扱いなのか」などと不満が起きてしまうと、組織全体に悪影響が出てしまう可能性もあるので注意が必要です。

 コミュニケーションの鉄則

最初から問題職員という人は少ない。問題職員になりうる兆候を見逃さず、問題職員予備軍の段階でフォローすることも大事。

10 異動後も活躍できる職員を目指して「人材育成」する

▶ 職員を異動させない課長

　現在、どこの職場も職員は必要最小限の人数しかいません。産休や病欠の職員が出ても補充されないことも多く、会計年度任用職員が補充されれば、まだよし。年末に課長が来年度の定数増を人事課などの担当部局に求めても、なかなか実現することはありません。

　一方で、来年度の人事配置を見据え、課長は「誰を異動させるのか」に頭を悩ませることになります。その際によくあるケースが、優秀な職員を異動させずに、自分の課で囲い込んでしまうことです。

　例えば、人事異動ヒアリングで、職員が「もう４年も在籍しているので、次は異動させてほしい」と考え、「異動したい」の欄にチェックがしてあっても、課長が「君に異動されたら、うちの課はもたない。あと１年だけ我慢してくれ」などと言って、無理やり異動希望を取り下げてもらうこともあるそうです。

　にもかかわらず、いざ異動内示が発表されたら、当の課長本人が異動になってしまうという笑えないケースも起こりえます。職場運営のために、どうしても優秀な職員を抱えておきたいという気持ちもわかりますが、職員の育成という視点では疑問が残ります。また、**「自分の課さえ、何とかなればよい」**という考えでは、**結果として組織全体が立ち行かなくなるのは自明の理**です。

▶ 不足している実務能力を身につけさせる

　課長は、異動後も活躍できる職員を目指して人材育成することが求め

られます。言い方は悪いのですが、「部下を使い回す」のではなく、自分の課にいる間にできるかぎりの育成を行い、**異動が決まれば、さらにそこで十分に活躍できるように送り出してあげるのが理想の姿**です。

　具体的な方法の1つは、不足している実務能力を身につけさせることです。課長として、これまでの経験を踏まえ、実務上のキャリアアップを支援しましょう。例えば、どこの職場でも必要な庶務の知識がないのならば、庶務担当係に課内異動させます。また、住民対応の経験が不足しているならば、窓口担当にするなどもあります。

　また、他部署との調整、後輩職員への指導など、課長から見て「あの職員は、このような力を身につけておけば、もっと活躍できるのになぁ」と思うことがいくつもあるはずです。そうした実務能力を職場の中で身につけられるように意識するわけです。

▶ 視野を広げる

　もう1つは、視野を広げることです。具体的には、民間企業や他自治体への派遣、研修やフォーラムへの参加、プロジェクトチームへの参加、昇任試験勉強会への出席などを勧めましょう。

　つまり、現在の職場では経験できないことを、職員に経験させるのです。先のようなものは、全庁的に職員募集がされることがほとんどです。短期間の被災地への派遣や、付近の自治体と合同で行う研修など、いろいろな機会があります。

　こうした機会を捉えて、職員に参加を促して、職員の視野を広げるわけです。やはり、職場で経験できることには限界がありますので、こうした機会を有効に活用すれば、職員は成長することができます。

✔ **コミュニケーションの鉄則**

　異動後に、部下だった職員の活躍する姿を見るのは、課長としての大きな喜び。そのためには、早い段階から種をまく。

部下のほめ方・叱り方

　管理職にとって、部下のマネジメントは重要な業務です。部下のパフォーマンスによって組織の成果は、大きく左右されます。このため、部下のほめ方・叱り方はとても重要です。いずれも、部下のモチベーションを大きく左右するからです。

　この時、どのような言葉をかけるかが重要です。これまでの経験上、ほめ言葉として意外に効果的だったのは「〇〇してくれて、助かった」です。ほめる対象を〇〇と明示することで、具体的な行動が明確になります。また、「助かった」と言うことで、「自分が課長を助けた」という意識が持てるからのように思います。

　単に、「良かった」では対象も不明確で、やはり上から評価されたという印象を持ってしまうでしょう。

　また、叱る時も「△△してくれると、助かる」と、改善内容を提示した方がわかりやすいように思います。ただし、この場合、自分が叱られていることを十分に認識しないことがあります。そのため、「こうしたやり方では、◇◇という問題が起きてしまうよ」など、具体的な問題点を指し示すことも必要かもしれません。

　部下をほめるのも叱るのも、管理職としてはテクニックが要求される場面です。

　しかしながら、「どのように言おうか」「どこで言おうか」などと悩みすぎて、タイミングを逃してしまっては、元も子もありませんので、ご注意を。

第 **4** 章

自治体管理職の三大業務その3

「業務管理」の
ルール

. . . .

「個」の力ではなく、「組織」の力で成果を上げるの
が管理職の仕事。一般職員のときとは異なる視点で
組織を動かし、業務を進めていかなければなりませ
ん。押さえておくべき10のポイントを解説します。

. . . .

1 年度当初に「組織目標」と「スケジュール」を共有する

▶ 組織目標を設定するのは意外に難しい

　年度当初に、組織目標とスケジュールを課内の職員と共有することが必要なことは言うまでもありません。もし、組織目標やスケジュールがなければ、この1年間に何を目指すのかがわからず、また、「いつ、何をするのか」も明確でなくなってしまうので、各職員が自分勝手な行動をしてしまいます。これでは、組織として成果を残すことはできません。

　しかし、この組織目標の設定は、決して容易ではありません。なぜなら、例えば窓口のような定例的な業務の場合、具体的な成果を数字などで示すことが難しいからです。また、課の課題が特定の係に関するものであって、他の係にはあまり関係ないような場合も、どのように組織目標を設定していけばよいのか、悩んでしまうかもしれません。

　それでも、課長としては、年度末には目に見える形で実績を上司に示す必要があります。また、課長が明確な組織目標を設定しないと、係長たちも組織目標を意識しなくなり、結果として全職員に浸透しません。

▶ 具体的な組織目標の設定方法

　そこで、具体的な組織目標の設定方法についてお伝えしましょう。

　目標設定は、①課の事業に関するものと、②人事管理（職員育成など）に関するもの、2つの面から考えられますが、それぞれについて次の視点から考えるのがお勧めです。

　第一に、新たに実施するものです。これは、0から1を作ることです。新たな条例の制定、新規事業の実施、事業に関する他自治体への調査、

プロジェクトチームの設置、マニュアルの作成などがあります。

　第二に、**改善するものです**。これは、現在1であるものを2、3とより成果を高めたり、これまでの実施内容を改善したりするものです。例えば、保険料徴収率や耐震補強工事助成件数の向上などがあります。また、保育園入園にかかるAIの導入、申請手続きの簡素化、課内業務における事務フローの見直し、昇任試験受験者数の増加などもあります。

　第三に、**事故や事件をゼロにするものです**。具体的には、住民への周知文書・支給額等の誤りをなくす、窓口でのトラブルをなくす、職場における事故を起こさない（退庁時における金庫の鍵のかけ忘れ、電気ストーブの消し忘れ、個人情報の放置など）、服務事故ゼロなどがあります。

　なお、目標設定は、数値で示せるとよいでしょう。自主防災組織の新規設立数、世論調査における食糧備蓄率の向上などがあります。この数値には、アウトプット（活動量：実績額など）とアウトカム（成果指標：住民意識調査など）の2つが考えられます。「災害時における役割を職員に周知徹底する」などの目標にすると、成果が示しにくくなります。

　以上を踏まえ、複数の組織目標を設定します。そして、課内の職員が少なくとも1つ以上の組織目標に関わっていることを確認するのです。

▶ 課全体のスケジュールを課内で共有する

　スケジュールについては、課全体で考えることが必要です。このため、各係と課長のスケジュールをまとめた全体を、各係長に認識してもらう必要があります。係長は、どうしても自分の係だけに目がいきがちですので、他の係や課長のスケジュールを意識して、係運営を行ってもらうようにするのです。また、課長としては、係間の応援体制や、全体を通してスケジュールの変更が必要かどうかも併せて確認します。

✔ 業務マネジメントの要諦

職員に、自分の係だけでなく、課という組織を意識して業務にあたってもらうためにも、組織目標は重要。

---

2 「緊急時・災害時」の体制を必ず確認する

▶ 年度当初に緊急事態が発生することもある

　年度当初に、課長として必ず実施しておくべきことの１つに、緊急時・災害時の体制の確認があります。

　緊急事態や災害は、いつ発生するかわかりません。年度当初の４月１日に起こってもおかしくないのです。しかし、何の準備もしておらず、課長が右往左往するようでは、管理職としての資質が問われます。勤務時間外でも、確実に連絡ができる体制を確保する必要があります。

▶ 全庁的ルールと課独自のルール

　では、具体的にどのような準備をすべきでしょうか。これは、自治体によってルールが異なりますが、概ね次の２点に整理できます。

　第一に、大地震発生などの災害時の場合です。災害時には、「震度５強以上で庁舎へ自動参集」「○○課職員は避難所運営に従事」のような取り決めがあるはずです。大地震発生時における職員の役割については、地域防災計画などで定められていますので、これらを年度当初に改めて確認し、課内の職員に伝えておく必要があります。

　もちろん、実際には公共交通機関などが不通となり、出勤できない場合もあります。しかし、「大地震があったのに、○○課の職員は一人も出勤しなかった」「避難所を運営する○○課の職員が来ていない」では、やはり問題です。このように災害時の参集状況については、平常時に確認しておくことが必要になります。

　第二に、課に関わる事件や事故が発生した場合です。具体的には、課

が管理する施設における休日に発生した事故、職員に関わる事件・事故（職員の逮捕や死亡など）など、課独自で連絡体制を確立しておく必要があるものです。この場合、「誰が、誰に、どのように、連絡するのか」を明確にしておく必要があります。

　例えば、休日における市立公園での事故を考えてみましょう。この場合、住民から庁舎の宿直などに連絡が入ります。宿直は、担当者や係長に連絡し、それらの職員から課長に連絡が入ることになります。課長としては、必要であれば部長や副市長、市長などにも連絡することになります。そして、市長がプレス発表も必要と判断すれば、広報課などの関係部署にも連絡することとなります。

　こうした一連の流れが課内の職員で共有されていることが必要です。このため、携帯電話番号やLINEなどのアプリの活用などについて、年度当初に確認しておきます。

▶ 年末年始などには、特別な体制を取ることもある

　なお、ゴールデンウィークや年末年始など、長期の休みには、通常とは別の体制を取ることがあります。例えば、宿直から連絡を受ける職員を当番制にするなどです。担当業務によっては、休みでも住民対応することもあります（ホームレスの生活相談など）ので、注意が必要です。

　課長としては、24時間365日、いつも気が休まらないと思うかもしれません。しかし、常に連絡体制が確保できていればよいのです。

　深夜でも携帯の電源はオフにしない、旅行先でも係長とはいつでも連絡できるようにしておくなど、連絡体制が確保できていれば、問題ありません。

✔ **業務マネジメントの要諦**

　緊急時・災害時に慌ててしまうと、冷静な判断もできなくなってしまう。このため、事前にしっかり確認する。

3 まめな進捗管理で 「トラブルの芽」を摘む

▶ ガントチャートの活用

　課が実施する住民サービスやイベントなど、様々な業務において進捗管理は重要です。進捗管理を行わなければ、住民の申請手続き開始日になっても書類が届いていない、イベント直前になって必要な機材が揃っていない、などのトラブルが発生してしまうからです。では、実際にどのように進捗管理を行えばよいでしょうか。

　第一に、ガントチャートの活用です。ガントチャートとは、作業内容を縦軸に、時間を横軸にして、**それぞれの作業内容の開始から、終了まで線にして示す**ものです。これにより、「いつまでに、何を行うのか」、また役割分担も明確になります。

◎ガントチャートの例（市民まつりの進捗状況）

※各項目とも上段が当初予定、下段が実績

	6月	7月	8月	9月	10月
会場予約 （管理係）	予約 6/10 予約				
イベント企画 （事業係）	課内決定後、市長報告 6/30 課長了承、7/3 市長了承		市長からイベントの順番について一部変更の指示あり		
関係機関連絡 （管理係）		企画送付 7/5 送付			
実行委員会 （全係）		委員会① 8/3 開催	調整期間 →	委員会②	
スポーツ祭 （全係）			各係は委員会①で出された課題を検討し、課長了解を得ること！		10/26

このガントチャートのファイルを共有フォルダに格納し、誰もが入力できるようにしておけば、職員の誰もが当初のスケジュールと、実際の進捗状況を確認できます。これにより、最新の情報を把握することができ、いちいち職員で集まって確認する必要がありません。

▶ 会議の開催

第二に、会議の開催です。先に示したガントチャートがあれば、基本的に進捗管理はできています。しかし、ガントチャートに書くことが難しい細かな内容があったり、思わぬトラブルが発生したりすると、このガントチャートだけでは対応できません。そのためには、やはり会議の開催も必要となります。

十分にガントチャートが機能していたとしても、実際に担当者から状況を聞いてみないと、具体的な内容がわからないということもありえます。そのためにも、会議は有益です。ただし、職員が忙しくて集まることが難しいなどの場合には、先の共有フォルダに掲示板ファイルを作り、情報交換を行う方法もあります。

▶ 課職員以外の人が関係する場合には注意が必要

なお、業務の進捗管理にあたり、課以外の人が関係する場合には注意が必要です。例えば、イベント開催にあたり、町会の準備状況も併せて確認を要するような場合です。また、住民説明会を複数の課で一緒に実施するようなケースもあります。こうした場合は、自分の課だけの進捗管理では不十分です。このため、対外的な窓口となる担当者を決めます。その職員が責任を持って他の関係者の動向を把握し、進捗状況を報告するようにします。また、必要に応じて関係者との会議も開催します。

 業務マネジメントの要諦

進捗管理の方法もルール化して、職員に徹底させる。「うまくいっているはず」との甘い認識が、トラブルを生む。

4 係間の「風通し」をよくする

▶ なぜ「風通し」のよさが必要なのか

　しばしば、役所の組織は「縦割り」といわれます。このため、「自分の業務は当然理解しているものの、隣の人の業務については熟知していない。隣の係の業務にいたっては、ほとんど知らない」ということがありえます。こうした状況でも、日々の業務に何ら問題がないのであれば、こうした職員の実情も理解できないではありません。

　しかし、課長としては、この意識が組織の活性化を阻害する原因の1つであるということを、十分認識する必要があります。なぜなら、職員は与えられた業務だけに集中しており、「課」という意識が欠如しているからです。これでは、課全体として成果を高めることは困難です。

　例えば、新型コロナウイルス感染症のような事態が発生した場合です。課長は、議会対応で手一杯で、自席にいることはできません。しかし、その間にも、職場には住民や関係機関などから問い合わせが入り、その対応が求められます。このような場合、自分の係だけで対応や方針決定はできないため、他の係との意見調整やすり合わせも必要になります。

　それにもかかわらず、「課長がいないから」と放置していたのでは、問題は一向に解決しません。しかし、**係間の風通しのよい職場であれば、自然と意見調整やすり合わせを行うようになります**。そして、課長が議会から帰ってきたときには、「○○と△△の対応が、早急に求められました。課長がご不在でしたので、◇◇としましたが、これでよろしいでしょうか」と結論を受けるだけで済みます。

　つまり、課長不在でも問題解決能力が十分に備わっている組織体制を

築くためにも、「風通し」のよさが必要なのです。

▶ 係長会の活用と庶務担当係長への依頼

　風通しのよい職場をつくるための第一歩は、係長会の活用です。これまでも、組織目標やスケジュールの共有、緊急時・災害時の体制の確立などでも、係長間の連携を行ってきたはずです。こうした係間の連携を、日常業務にも反映させていきます。

　具体的には、複数の係に関係する業務であれば、係長会の議題として取り上げ、業務に関係のない係長にも参加してもらい、当該業務に対する認識を持ってもらうのです。こうすることで、「〇〇係と△△係だけに関係すること」ではなく、「課の業務」として意識させます。

　また、庶務担当係長に様々な調整を依頼することも効果的です。例えば、保健所への応援職員を決定するなど、課内で調整が必要な事項については、**課長が決定するのでなく、あえて庶務担当係長に調整を依頼する**のです。そうすることで、係長間のコミュニケーションは増えますので、連携が高まることが期待できます。

▶ 様々な仕掛けをつくる

　係長以外の一般職員についても、いくつかの方法があります。例えば、課の共通課題に対して、若手職員でプロジェクトチームをつくり、検討してもらいます。また、主任で構成するグループをつくり、事務改善や課題発表を行ってもらうことも考えられます。課内研修、研修報告会の実施もよいでしょう。

　課長としては、風通しのよい環境をつくるため、係間の垣根を越えて職員同士が一緒に何かを行う場を設けることを考えるのです。

 業務マネジメントの要諦

風通しのよい職場をつくろうとして、指示ばかりすると、かえって反発されてしまう。さりげない演出が求められる。

5 「課長不在」でも問題ない組織体制を構築する

▶ 課長がいないと機能不全になる組織とは

　円滑な課の運営という視点で考えると、課長が不在でも組織がきちんと運営されていることが必要です。反対にいえば、課長がいないと機能しない組織というのは、組織として未成熟です。

　では、実際に課長不在だと機能しない組織とは、どのような組織でしょうか。具体例を考えてみたいと思います。

①課長が部下の意見を聞かず、強権的な運営をしている

　いわゆるワンマン経営です。部下は、ただ課長の指示を待つだけの状態。課長が部下の意見を聞かないため、いずれ部下は意見を言わなくなり、「言われたことはするが、言われないことはしない」という心情になります。課長の指示がないと、職員は行動しません。

②業務が各職員に細分化されており、課長が指示しないと連携しない

　福祉事務所のケースワーカーのように、業務が細分化され、個人の役割分担が非常に明確に区分される職場があります。この場合、ほとんどの問題が自己完結で処理できます。このため、稀に発生する複数の職員にまたがる問題や担当が明確でない課題は、放置されることがあります。

③職員が「課長の業務は、自分には関係ない」と思っている

　多くの職員は、自分の担当する業務のことに集中しています。職員は自分の担当業務を、係長は自分の係だけを考えがちです。このため、議員からの問い合わせがあっても、「議員対応は、課長の仕事」と考えて、ほったらかしにしてしまうことがあります。

▶ 適切な権限の委譲をする

　このように、課長が存在しないと、実際にうまく業務が回らないという事態が発生します。しかし、課長不在で機能不全に陥ってしまう組織では困ります。なぜなら、課長の急病や出張、災害時で連絡が取れない、議会対応中で不在などの場合に、問題が解決されず、放置されてしまうからです。課長不在でも、問題解決能力が十分に備わっている組織であることが重要であり、そのために課長として行うべきことがあります。

　まずは、**適切な権限の委譲**です。①のワンマン経営は論外であり、係長権限を侵さないのは当然のことです。

　その上で、課長不在時の議員対応、至急時の代理決裁や判断などは、日頃から係長と確認しておくことが必要です。**「どんな場合、何を判断してよいのか」**を係長に認識してもらうのです。また、緊急時に課長が不在であれば、部長や部内の他の課長への相談など、具体的な対応方法についても示しておきます。特に、庶務担当係長は、課長の代理になることが多いので、十分に認識をすり合わせておきましょう。

▶ 職員に「課」の意識を持たせる

　職員に横の連携や、課という視点を認識させることも重要です。簡単にいえば「これは自分には関係ない」と他人事にするのではなく、課内で起こったことを自分事として考えてもらうようにするのです。

　ただし、これはかなり難しいことです。課長が口頭で説明しても、実際に何かトラブルなどが発生しないと、横の連携の必要性などを認識できないからです。課長としては、プロジェクトチームの設置や課内研修などを通じて、職員の意識を徹底させる必要があります。

 業務マネジメントの要諦

課長不在時に、実際に問題になったことを、職員に十分認識してもらう。それを教訓にして、組織を成長させる。

6 「短期・中期・長期」に分けて対処事項を検討する

▶ 短期・中期・長期の考え方

　課長として業務管理を考える際には、短期・中期・長期の３つに区分することが効果的です。なぜなら、課長などの管理職には異動年限が決まっておらず、最短で１年で異動してもおかしくないからです。

　もちろん、新型コロナウイルス感染症や東日本大震災のような緊急事態が発生して大規模な組織改編が行われたり、特定の管理職の急病などで玉突きの人事異動が起こったりして、１年未満で異動することもあります。しかし、それらは基本的には例外です。

　このため、管理職としては「**１年で異動するかもしれない」ことを前提に業務を行っていく必要があります**。このように考えると、長期とは１年となります。つまり、来年、自分が異動するまでに達成しなければならないことです。

　また、中期は６か月、短期は１か月を目途にして考えることもできます。ただ、年度当初に昇任した新任課長であれば、**短期は最初の議会である第２回定例会まで、中期が決算議会である第３回定例会までと**考えたほうがよいでしょう。より業務と密接に関連づけることができるので、わかりやすくなります。

▶ 具体的な項目に分けて考える

　仮に、短期を第２回定例会、中期を第３回定例会、長期を来年３月末までとします。業務管理は、具体的な項目に分類して、①議会対応、②事業進捗、③人事管理、④その他（特記事項など）とするのです。

例えば、①議会対応であれば、短期は議員の名前・所属会派を覚える、委員会や一般質問への対応方法を学ぶなどとなります。中期であれば、想定問答集の作成など決算委員会の準備、議員への取材方法を学ぶなどとなります。このように、「短期・中期・長期×具体的項目」の表にすれば、対処すべき事項は見えてきます。

　なお、この表は、一度決めたら終わりでなく、時間の経過とともに、その都度、修正して上書きしてもかまいません。それは事情が変わったり、急な課題が発生したりするからです。

▶ 長期の事項は、短期・中期にブレイクダウンする

　意外に対応が難しいのは、長期に属するものです。なぜなら、緊急性がないため、つい先延ばしにして、目標未達になってしまいがちだからです。

　例えば、長い間改定していない業務マニュアルがあるとします。日常業務の遂行には問題ないものの、以前と手順が変わる部分も出てきており、改定の必要性が課内で指摘されていました。しかし、緊急性がないため、放置されている状況です。

　この場合、「やるぞ！」と課長が決めて、職員に号令をかけて取り組まないと、なかなか前に進みません。そこで、マニュアル改定の業務を細分化してみましょう。**前半は短期に実施、後半は中期に行うなど、ブレイクダウンする**と、より現実性が高まります。

　部長などの上層部は、課で長年にわたり塩漬けになっている課題について、課長が着手するのかどうかを着目しています。課が抱える課題のうち、どれをどのような手順で行うかは、課長の裁量次第。やりがいの大きい仕事と捉えて進めましょう。

 業務マネジメントの要諦

　紙１枚に、「短期・中期・長期」別の内容をまとめておく。それを毎日見ることを習慣化すれば、未達成はなくなる。

7 「PDCA サイクル」を構築して常に改善する

▶ スパイラルアップを目指す

　ご存知のとおり、PDCAサイクルとは、問題解決のための手法の1つです。PLAN（計画）→DO（実行）→CHECK（評価）→ACTION（改善）の4段階を繰り返しながら、継続的に事業などを改善していきます。

　よく知られているのは、予算編成と行政評価との関係です。前年度の決算や事業実績に対する行政評価を活用して評価を行い、また当該年度の事業の進捗状況も見据え、来年度の予算編成に反映するわけです。これにより、過去の実績を踏まえて、より改善を図ります。これを毎年度繰り返すことにより、事業は継続的に改善されていきます。

　事業課の課長の立場で考えると、**PDCAサイクルは計画担当課や財政課との共通言語**ともいえます。つまり、「どのように実績を評価するのか」「その評価を、次の予算編成にどのように反映するのか」という共通の認識を持つからです。両者が共に、スパイラルアップを目指していくわけです。

▶ 組織の目標管理と人事評価

　PDCAサイクルは、予算編成に限らず、様々な場面で活用することができます。例えば、組織の目標管理です。係長が、年度当初に立てた係の目標について、年度末に評価を行い、来年度の目標に反映します。このようなサイクルを繰り返すことにより、組織は継続的な改善を行うことができます。

　人事評価も同様です。年度当初、課長が、部下との面談を通して、そ

の部下の目標を共有します。年度末に、再び面談を実施し、目標に対しての進捗状況を確認し、来年度の目標設定に反映させるのです。

このように、職場運営のスパイラルアップにとっても、PDCAサイクルは有効です。

▶ PDCAサイクルを課内に浸透させる

課長としては、このPDCAサイクルを様々な場面で「仕組み化」して、職場に定着させることが望まれます。

例えば、住民が申請手続きをする窓口業務で考えてみましょう。まず、職員が住民に対して制度の説明を行い、その住民が該当するかを判断します。該当するのであれば、申請書に記入してもらい、手続き終了となります。しかし、現状では、住民一人にかかる時間が長くなってしまい、窓口に住民があふれてしまっているとします。

そこで、時間短縮のために制度説明を簡略化することを計画し、実行してみます。その結果、滞留はなくなったものの、非該当の住民が申請してしまうという新たな問題が発生してしまいます。すると、次はまた別の方法（例えば、その場で申請書等の簡易な審査を行うなど）を導入して、改善を図るのです。このように、絶えず改善を目指します。

課長としては、職員にPDCAサイクルを意識させ、改善を心がけてもらいましょう。**事業のやりっぱなしや、問題のほったらかしを避け、常に何かしらの改善が図られるようにシステム化をする**わけです。こうすることで、職員も漫然と職務を行うことがなくなり、予算編成と同様に、PDCAサイクルが課内の共通言語となっていきます。

✔ **業務マネジメントの要諦**

PDCA サイクルを導入できる場面は、結構多い。ただし、課長が率先して考えないと、組織に根づかない。

8 「見える化」で防ぐ 業務の属人化

▶ 個人の思い込みを避け、職員間で認識を共有する

　「見える化」とは、組織の様々な活動を具体化して、客観的に把握できるようにすることをいいます。「目で見える管理」の意味で、トヨタ自動車の業務の改善活動の観点として生まれました。「可視化」とも呼ばれます。

　具体的には、**業務のプロセスなどのマニュアルを作成したり、図示したりして職員間で認識を共有**します。これにより、個人の思い込みや誤解を避けることができ、業務の属人化を防ぐことができるのです。

　代表例は、マニュアルの作成です。例えば、毎年行う市民まつりについて、企画、関係団体との調整、会場設営、終了後のアンケート集計など、一連の流れと各作業の手順や注意点などをまとめてマニュアルにします。これにより、異動で職員が入れ替わっても、同じ成果を出すことができます。もし、変更点や追加する事項があれば、マニュアルを改訂すれば、常に最新情報が掲載されます。

▶ 「見える化」の様々な手法

　「見える化」は、マニュアル以外にも、次のようなものがあります。

　第一に、**ガントチャート**です。これは、本章【3　まめな進捗管理で「トラブルの芽」を摘む】で触れましたが、作業内容を縦軸に、時間を横軸にして、それぞれの作業内容を開始から、終了まで線にして示すものです。これにより、「いつまでに、何を行うのか」、また役割分担について、職員間で共通の認識を持つことができます。

第二に、**チェックリスト**です。例えば、住民から提出された申請書の内容を確認する場合、どこに注意するのかをチェックリストで一覧にしておくのです。そうすることで、どの職員が確認しても、同じレベルにすることができ、抜けや漏れがなくなります。

第三に、**フローチャート**です。フローチャートは、申請手続きの一連の流れなどについて、各段階を箱で示し、矢印でつなぐことで、全体の流れを表現するものです。例えば、保育園の申請手続きであれば、フローチャートにある質問に答えれば、必要書類がわかるようにするのです。

第四に、**フォーマット**です。例えば、議事録のフォーマット（ひな型）を決めておかないと、書き手によって内容や表現などがバラバラになってしまいます。このため、フォーマットを定め、どの職員が作成しても、同じような議事録が完成するようにします。

第五に、**共有フォルダ**です。個人の持つ情報を、職員間で共有して、業務に活かします。例えば、冒頭の市民まつりマニュアルであれば、マニュアルにない突発的な事項が発生した場合、共有フォルダ内の専用ファイルに書き込み、それを職員全員で見られるようにしておきます。これにより、職員は常に情報を共有できます。

「仕組み化」についても同時に考える

「見える化」と似たものに、「仕組み化」があります。これは、個人の力量に依存せず、着実に業務を遂行できるシステムを作ることです。

仕組み化は、見える化と同様に業務の属人化を防ぐとともに、業務を効率化・最適化するという一面も持っています。仕組み化を構築する過程で、無駄な作業は削られたり、統合されたりするからです。見える化を考える際に、同時に考えておきたいフレームワークです。

> **✔ 業務マネジメントの要諦**
>
> 見える化は業務の属人化を防ぐことから、不正防止にも役立つ。職員が業務を抱え込んでいないか、チェックもできる。

9 「不測の事態」には 優先順位を明確にする

▶ 不測の事態とは

　自治体の業務においても、時に不測の事態が発生することがあります。具体的には、次のような場合です。

①災害の発生

　大地震、水害等の理由により、避難所が開設される場合、通常業務とは別に、これら災害時対応を行う必要があります。避難所が開設されない場合でも、来庁住民の避難誘導、書庫の倒壊、災害による停電などにより、新たな業務の発生や、通常業務に支障が生じることがあります。

②不祥事や事件・事故の発生

　住民への誤支給や不適切な事務の判明、職員の不正の発覚など、不祥事が発生することがあります。また、管理する施設での事故、システム障害などもあります。

③職員の欠員

　職員の急病や他部署への派遣などにより、欠員が発生することがあります。また、産休や介護休暇の取得等により、特定の期間などに職員数が不足することもあります。

④その他

　この他にも、住民や関係団体からのクレーム、マスコミ対応、上司からの急な指示、議会対応など、様々なことが想定されます。

　こうした不測の事態は、必ずといっていいほど、職員であれば経験するものですが、課長としては的確に判断することが求められます。

▶ 情報収集を確実に行う

　不測の事態が発生した時には、優先順位を明確にすることが必要です。**「優先して実施すべきことは何か」「後回しにしてもよいことは何か」**を考え、順位付けしなければなりません。こうした際、課長がリーダーシップを取らないと、課内で統一した行動をすることができません。結果的に、ムリ・ムダ・ムラが発生してしまうので注意が必要です。

　ただし、的確な優先順位の決定のためには、情報収集と他部署との連携が必要です。例えば、災害が発生しても、課で実施している住民サービスを継続するとします。この場合、通常通り実施できるのか、担当係長に状況を確認しなければなりません。なぜなら、係長が状況を最もよく理解しているからです。

　場合によっては、「システムがダウンしているので、職員が手書きで証明書を発行する」などのように、通常よりも従事する職員の数を増やす必要があるかもしれません。こうした情報を確実に把握しておかないと、的確な順位付けができません。

▶ 他部署と連携する

　また、他部署との連携にも注意が必要です。①災害の発生であれば防災課、②不祥事や事件・事故の発生や③職員の欠員であれば人事課など、必ず関係する部署があるからです。また、④その他でも広報課や議会事務局などとの連携も必要になってきます。

　不測の事態だからこそ、課長としては広い視野を持って対応する必要があります。近視眼になって、目の前のことだけにとらわれてしまうと、誤った優先順位で行ってしまうので、注意が必要です。

> ✔ **業務マネジメントの要諦**
>
> 後回しにした優先順位の低いものは、そのまま放置することがないよう、必ず後のフォローを考える。

10 「全庁的視点」を持って業務を見直す

▶ 必ず全庁的視点を問われる場面がある

新任課長は、自分の課の業務を把握するだけでも、最初は大変なもの。事業の内容、根拠法令など、覚えることが多いからです。しかし、ある程度の把握ができた後は、「全庁的視点」を持って業務を見直したいものです。

例えば、予算要求で考えてみましょう。仮に、自分の課と類似のサービスを他課で実施していたとすれば、財政課は事業の相違点や整理統合を求めてくるはずです。こうした際、他課の業務内容を理解していなければ、説明することができず、予算要求は通らないでしょう。

また、**サービスの受け手である住民からすれば、「どこの課が何をしているか」などは関係ありません**。問題は、どのような住民サービスが行われているかです。類似している事業があれば、「住民にわかりやすいように、制度を1つにまとめてほしい」という要望があってもおかしくなく、これに対して「他課の事業については知らない」では、説明責任は果たせません。外部評価制度がある自治体ならば、こうした意見は直接、担当課長に投げかけられるかもしれません。

こうしたことからも、課長は自分の課の業務について、客観的に、全庁的視点で考えることが必要なのです。

▶ 業務の押し付け合いを超える

縦割りと批判されやすい役所では、どうしても職員は**「自分の担当」と「それ以外」という視点になりがち**です。ある程度の経験がある職員

であれば、「これはうちの係の担当ではない」「いや、そちらが担当だ」など、係長が業務の押し付け合いをしている場面を見ているはずです。

これは一般の職員から部長に至るまで、ほぼすべての職員が少なからず持っている感覚です。先の係長に限らず、部長であっても、押し付け合いをしているからです。

課長も例外ではありません。例えば、ヤングケアラーの問題であれば、担当部署としては児童、福祉、教育委員会など、複数の部署にまたがる問題です。こうなると、部署間の駆け引きが始まります。しかし、経営層の一人である課長としては、単に「それは自分の課の担当ではない」と断る理由を探すのでなく、**「本市としては、この問題をどのようにしたらよいだろうか」**と、**もう一歩先を考えなければならない**のです。

上層部は課長の行動を知っている

自分の課のことだけしか考えない課長は、確かに存在します。「どこの部署が、この問題を担当すべきなのかはわからない。しかし、うちの課の業務ではないことは確かだ！」のような主張をするのです。

確かに、そうした主張で、他課に押し付けることができるかもしれません。しかし、後々のことを考えると、それはあまり得策ではありません。なぜなら、身勝手な言動は、往々にして上層部の知るところとなり、**「彼（女）は、自分のことしか考えない」とレッテルを貼られる**からです。信頼を失い、まさに今後に影響を及ぼす失点となりかねません。

企画・財政・人事の課長などはもちろん、いずれ庶務担当課長になれば、嫌でも全庁的視点を持たざるをえません。こうした際のためにも、課長としては、常に全庁的視点で業務を考えたほうがよいのです。

> ✔ **業務マネジメントの要諦**
>
> 「この課長は、自分の課のことしか考えていない」と思われる課長では、信頼を得ることは難しい。上からも、下からも。

仕事のスピードアップ

　忙しい管理職としては、できるだけ早く仕事を処理したいと考えるのは共通の思いでしょう。しかし、一般職員時代とは異なり、仕事の多くは部下にやってもらうことになりますので、自分一人でできるというものではありません。そこに歯がゆさを感じてしまうことも少なくないでしょう。

　どのようにすれば、仕事をスピードアップしてやってもらえるか。そこには、やはり工夫が必要になります。

　まずは、期限の明示です。「明日の17時まで」など明確にしておく必要があります。これを「なるべく早く」など曖昧な指示にしてしまうと、両者の認識がズレてしまうことがあります。

　課長も、つい遠慮して「なるはやで」と言ってしまうのですが、これは注意が必要です。

　また、よく言われるTTP（T（徹底）T（的に）P（パクる））も効果的です。自治体の業務は、全国の自治体でほぼ共通していますし、また庁内の職場で同じ問題を抱えていることも少なくありません。このため、いちから職員がオリジナルで考えるよりも、そうした情報を得て真似してしまえば、一瞬にして仕事が終わるということもあるわけです。TTPを実現するためには、何を調べれば良いのか、アドバイスしてあげるのは、やはり管理職の役目でしょう。

　ただ、出来上がった資料が、パクった自治体の名前そのままで、部長の前で大恥をかいたなんてことがないように、注意したいものです。

第 5 章

事件・事故はあって当たり前！

「トラブル対応」の ノウハウ

管理職になると、判断・決断を求められる機会は驚くほどたくさんあります。唯一絶対の解はない問題に向き合い、悩みながら対応していく中で、管理職としての経験値、人間力が磨かれます。

トラブルの基本的な対応方法

▶ トラブルはよくあることと考える

　本章では、課長の周辺で起こるトラブルについて取り上げます。

　課長になると、トラブルに向き合う回数が一般職員の頃よりも格段に増えます。それは担当する領域が広くなったことや、責任権限が大きくなったことの証でもあります。

　課長1年目には、これまで経験したことのない、議会や職員団体への対応、また職場運営の課題など、多くの「はじめて」に遭遇します。課長というポストが初体験なのですから、当然です。最初は、あたふたとしてしまうこともあるでしょう。でも大丈夫。いずれ慣れてきます。

　トラブルに対しては、まずは慌てないことが重要です。慌ててしまうと、冷静な判断ができず、対応方法を間違えてしまい、被害は大きくなってしまいます。

　「課長にとって、トラブルはつきもの」くらいの感覚で考えたほうがよいでしょう。そして、解決できないトラブルはほとんどありません。

▶ 4つの視点でトラブルを考える

　トラブルが発生した場合は、**①住民、②上司、③議会、④職員**という**4つの視点**で考えましょう。「このトラブルについて、住民はどのように思うだろうか」など、それぞれの視点で考えるわけです。客観的に見ることが可能になるとともに、バランスの取れた見方ができます。

　例えば、担当する福祉施設で、利用者が健康器具を誤って操作し、けがをしたとしましょう。事情を知らない住民であれば「器具に問題があっ

たのでは」と考えるかもしれませんので、何かしらの対応が必要でしょう。一方で、原因を聞いた首長や議員が「器具の使い方の周知が不十分だったのでは」と考えれば、早急な対応は必要ないでしょう。さらに、職員であれば「施設職員の注意が欠けていたのでは」と考えるかもしれません。

　このように考えると、課長として、どのように判断すればよいのかが見えてくるでしょう。すべての視点から見て、冷静な判断を下すことは難しいかもしれませんが、少なくとも1つの視点で見るよりも、より適切な判断ができるはずです。

▶ 自分だけでトラブルを抱え込まない

　また、トラブルに遭遇したら、一人で抱え込まないことも大事です。課長昇任当初は、「課長になったのだから、自分で考えて判断しなくてはいけない」と、どうしても気負ってしまうことが多いものの、これはかえって危険です。自分目線だけになってしまうからです。

　困ったとき、迷ったときは、必ずベテラン課長や部長に相談しましょう。経験豊富な先輩管理職は、すでに多くのトラブルを経験済みですから、よりよい解決法を教えてくれます。特に議員対応などは、必ずと言っていいほど、様々な経験をしているので、質問しないのはもったいないことです。管理職1年目の特権だと思って、細かいことでも積極的に質問し、先輩の経験を自分の糧にしましょう。

　また、課内のベテランの係長や職員も同様です。関係団体とのトラブルなどであれば、課長が判断するまでもなく、これまでの事例に基づいた、よりよい解決法を教えてくれるはずです。

✔️ **転ばぬ先のアドバイス**

解決できないトラブルなど、ほとんどない。それ故、トラブルに慌ててしまうことで、判断を間違えることに注意する。

2 話を鵜呑みにせず、 必ず「裏」を取る

▶ 議員に圧倒されて、冷静な判断ができない課長

　課長は課の責任者ですから、課の事業に関係することについては、議員からダイレクトに連絡が入ります。その中で、扱いが難しいものが議員からの苦情です。

　特に感情的になっていたり、興奮していたりする議員だと、新任管理職はきっと焦ってしまうでしょう。また、重鎮のベテラン議員からの苦情だと、すぐに「すみません」と非を認めてしまうかもしれません。

　しかし、そうした議員に圧倒されて、冷静な判断ができない課長では困ります。**課長の後ろには、たくさんの職員がいる**からです。例えば、議員から「私の知り合いが、窓口で間違った説明をされて、もらえる手当が受給できなかった。どうしてくれるんだ！」などと怒鳴り込んできたとします。このようなとき、担当した職員の話を聞きもせず、すぐに間違いを認め、議員に謝ってしまうようでは問題です。

　担当職員は、「自分は、間違った説明をしていない。住民が誤解しただけだ」と言うかもしれません。こうなると、議員にはよい顔をできたとしても、職員の信頼を失ってしまいます。こうした事態を避けるためには、苦情が持ち込まれたら、まず事実確認を行うことが大事なのです。

▶ 住民などから頼まれて、議員は苦情を伝えている

　議員から苦情が持ち込まれたら、まず、議員の話をじっくり聞きます。この時、議員が興奮してしまい、話が膨らんでしまうことがあります。事実・意見・推測がごちゃ混ぜになって、一方的に話をまくしたてるよ

うな状況です。しかし、課長としては1つひとつ事実を拾い出していかなければなりません。

　議員からの苦情の場合、議員が直接被害を受けたということは稀です。住民や関係団体から議員に対して、「○○ということがあって、困ってしまった」というように、当事者から話を聞かされているのです。このため、言い方は悪いのですが、住民の勘違い、議員の勝手な思い込みなどが混じってしまうことがあるのです。こうした点を踏まえて、課長としては、事実確認をしなければなりません。

　まずは議員の話をすべて聞き、「それでは、こちらでも確認しますので、また折り返しご連絡します」と、**いったん間を置いたほうがよいでしょ**う。議員もクールダウンするからです。

▶ 事実が判明したら、苦情への態度を明確にする

　当然ながら、事実確認は、議員からの一方的な話だけでなく、窓口対応した職員などにも行い、**「裏」を取る**必要があります。そうしないと、客観的な事実が浮かび上がらず、冷静な判断ができないからです。

　事実が判明した後に、課長として判断します。議員の言うとおりに役所に落ち度があれば、お詫びもしなければなりません。反対に、住民の勘違いであれば、それを理解してもらうよう、改めて説明することが必要かもしれません。どちらか一方が悪いのでなく、ボタンの掛け違いが重なってしまった、ということもあるかもしれません。

　いずれにしても、課長は苦情に対する態度を明確にして、その後の処理を行わなければなりません。苦情を放置したり、態度を曖昧にしたりすると、状況が悪化してしまうため、注意が必要です。

 転ばぬ先のアドバイス

住民の勘違いが苦情になったとしても、「それは、間違いです！」と議員を追い詰めてはいけない。

3 「議員の真意」をしっかりと見極めて対応する

▶ 議員からの業者紹介は、よくあること

　議員から業者を紹介されるということは、よくあることです。例えば、環境課が新たに環境基本計画を策定する場合などに、コンサルタント会社を紹介されるようなケースです。

　また、防災課が実施している備蓄食料について、「これまでよりも保存年限の長いアルファ化米ができたので、導入してほしい」と議員が業者を伴って来ることもあるかもしれません。

　もちろん、指定管理や入札であれば選定方法が明確に決められており、課長の独断で決めることはできません。しかし、それを知りつつも、議員は業者などを紹介することがあります。また、消耗品などであれば、課の判断で導入を決定できてしまいます。

▶ なぜ業者は議員に依頼するのか

　当然のことながら、「議員から紹介された」といって、業者からの提案をすべて受け入れる必要はありません。すべてを受け入れていたら、公正性・公益性が失われてしまいます。

　そもそも議員は業者を紹介したからといって、本当に採用してもらいたいと考えているかどうかはわかりません。多くの票を得ることが重要な議員にとっては、そうした口利きも大事な役割です。業者の紹介を無碍に断るよりも、「役所に顔をつないだ」というだけで済むのであれば、口利きすることは難しいことではないはずです。

　ちなみに、業者が議員を頼る理由は、議員を通して依頼したほうが効

果的だからです。普通に窓口に行っても、担当者にけんもほろろに扱われることが多いのが実情でしょう。しかし、議員を通せば、課の責任者である課長が会ってくれるのです。どちらが効果的なのかは明らかです。

▶ パターン別・議員の真意

つまり、議員からの業者の紹介には、温度差があるのです。それをいくつかのタイプに分けて、考えてみましょう。

①単に役所を紹介するだけ

議員が課長に電話し、「今度、○○という会社がそちらに行くから、少し話を聞いてくれないか」などと依頼するようなケースです。議員は同席しません。業者には、「△△課長に話をしておいたので、直接アポを取ってほしい」などと告げ、**単に「橋渡し」をするだけ**です。議員本人は、採用しなくてもかまわないと考えています。

②業者と同席し、一緒に課長の話を聞く

業者と課長のスケジュールを調整し、議員も含め三者で会うようにセッティングします。積極的に採用を課長に勧めますが、議員の本音は不明です。**業者向けの「ポーズ」の可能性**もあります。また、面談後、議員から「無理して採用しなくてもいいから」などとフォローしてくることもあります。

③本会議や委員会などの公式の場で質問する

例えば、監査における公認会計士事務所の活用など、新たな制度導入を求めて、本会議などで質問するものです。この場合、議員としてもかなり積極的な場合が多いです。しかし、単に**「公式な場で質問した」**ことで、業者の顔を立てて終わらせようということもあります。

 転ばぬ先のアドバイス

議員の真意を見誤ると、無駄なことをしてしまう。電話の声色、態度など、いろいろな様子から見抜くことが必要。

4 「できること・できないこと」を明確に説明する

▶ 法や制度の内容を超えて、特別扱いを求めるケース

　議員から課長に対しては、様々な要求がなされます。もちろん、課長の権限に属し、課長自身で処理できるものであれば問題ないものの、そうでないケースもあります。そうした無理な要求に対しては、「できること・できないこと」を明確に説明し、納得してもらう必要があります。実際に起こり得る、代表的な要求を取り上げましょう。

　第一に、法や制度の内容を超えて、特別扱いを要求するケースです。例えば、ある保育園に入園を希望する住民の依頼を受け、議員が課長に「入園できるようにしてほしい」と要望してくることがあります。入園審査は、親の状況等を点数化した審査基準を基に行うため、特別扱いはできません。そのことを理解しながら、要求してくる場合があるのです。

　こうした場合、改めて課長は審査基準を説明し、議員に理解を求めるしかありません。なぜなら、それが制度だからです。それでも要求し続けるのであれば、「仮に入園できたとしても、親の就労状況などは、**周囲にはいずれわかります**。そうすると、『なぜ、あの子どもは入園できたのか？』と、後々問題になりますよ。**先生にも影響が及ぶ可能性があります**」などと話し、納得してもらわなければなりません。

▶ 過大な資料要求をするケース

　第二に、過大な資料要求をするケースです。議員が本会議や委員会での質問材料として、担当課長に資料要求を行うことは日常茶飯事ですが、時折、既存資料にはないものを求められることがあります。例えば、福

祉課長に対して福祉センターの利用状況について「同じ住民が、同じ福祉センターを利用するケースは何件くらいあるのか」と尋ねてきたとします。この場合、各福祉センターが手作業で調べないと、その件数が把握できません。

この要求に安請け合いしてしまうと、職員に負担をかけてしまいます。また、いったんこの資料要求を受けてしまうと、毎年、資料要求される可能性があり、職員の負担も毎年続きます。そこで、事情を丁重に説明し、「それを集計するためには、職員に過重な負担をかけることになってしまいます。**既存資料で、ご理解いただけませんか**」と伝え、納得してもらう必要があります。

▶ 答弁内容の変更を求めるケース

第三に、答弁内容の変更を求めるケースです。本会議の一般質問に対する答弁は、首長や部長が議場で読み上げますが、答弁を書くのは担当課長です。あらかじめ議員に取材し、答弁内容を調整しますが、その際に、「この答弁では消極的すぎる。もっと、前向きに答弁してほしい」などと、答弁内容の変更を求めてくることがあります。

しかし、答弁は課長個人の思いではなく、全庁的視点で書かれたもので、基本的には変更できません。このため、「答弁は**上の人間とも調整して作成**しておりますので、変更は困難です」と説明し、理解を得るしかありません。もちろん、表現を少し変更できることもありますが、基本的な内容は変更できません。また、委員会答弁でも、事前の議員への取材の中で、答弁についてこのような要求がされることもありますが、やはり同様の説明をするしかありません。

✔ **転ばぬ先のアドバイス**

議員がどうしても無理な要求を押し通そうとするときは、部長などの上層部の手を借りることも必要になってくる。

5 「今後の事態」を 冷静に分析する

首長や上司から無理な指示があった

▶ 違法な指示は無効

　議員からの無理な要求と同様に、首長や上司から無理な指示がされることがあります。基本的には拒絶することはできず、受け入れざるをえないケースがほとんどですが、それによって課の運営に問題を起こしてしまうことがあります。

　実際に起こりうる、いくつかの指示について考えてみましょう。

　まず、違法な指示です。例えば、特定の業者への便宜供与、公文書の改ざん、特定の候補者の選挙運動の手伝いなどがあります。これらは、地方公務員法の解説にもあるように、職務命令に重大かつ明白な瑕疵がありますので、その職務命令は無効となります。

　ある自治体では、部長が課長に対して政治資金パーティーへの参加を求め、政治資金規正法違反で起訴された事件がありました。その自治体では、こうしたことが長年慣例で行われており、部長にも違法性の認識はなかったとされています。このように、**庁内全体で違法の認識がないこともある**ので、注意が必要なのです。

▶ 上司の指示に従うと、混乱が生じる

　また、上司の無理な指示に従うと、混乱が生じる可能性もあります。例えば、従来自治体職員が直接運営してきた障害者施設を社会福祉法人に委託する、指定管理者制度の導入を決定したとします。この場合、施設利用者の保護者などが一斉に反対することが予想されます。現在の自治体による運営で特に問題はなく、民間委託すると職員がすべて入れ替

わるなど、利用者への負担が増加するからです。

しかし、自治体の上層部は、職員定数や経費の削減などを目的に指定管理者制度の導入を決定します。担当課長は上司と保護者との板挟みになり、とても厳しい状況になります。

制度導入の決定以前であれば、今後の予想される事態（保護者からのクレーム、議会での紛糾、施設職員や職員団体の反対など）を分析して、上司と議論する必要があるでしょう。ただ、それらを踏まえても、やはり上層部は制度導入を判断するかもしれません。その際には、腹を据えて対応するしかありません。もちろん、上司にもこのような**予想されるリスクを共有し、一緒に協力してもらう**ことになります。

▶ 視座を高める機会と考える

このように、課長からすれば「無理な指示」と思える内容であっても、首長や上司からすれば、「それは無理なことではない」「これまでの市政においても、同様のことはあった」と考えるかもしれません。まさに、課長と上司との認識の差なのです。

新任課長は、「上層部が、無理難題を押しつけてきた」と思うでしょう。しかし、それはまだ課長の認識が、上層部の認識に追いついていないだけかもしれません。その意味では、こうした無理な指示は、**課長としての視座を高めるいい機会**と捉えたほうが、自分の成長につながります。

当然のことながら、新任課長には、上層部の真意がまだ理解できないことがあるのです。いくら課長になったからと言って、やはりまだ上層部の視点とは開きがあることを理解することが求められます。

 転ばぬ先のアドバイス

自分の課のことだけを考えて、不平・不満を述べていても視野は広がらない。何事も上層部と同じ、全庁的視点に立って考える。

6 「応援体制」「業務委託」等の別な手法を考える

▶ 急な欠員状態に陥っても、自前での対応が求められる

現在、「うちの課は、業務量を考えると、職員数に余裕がある」という職場は、おそらくないでしょう。人事課などが査定する各職場の定数は、必要最小限であることがほとんどです。

しかし、定数とはあくまでその職場に配置される「頭数」のことなので、実際に職場にいる人数（現員）とはなりません。産休、育休、病休などで、実際に在籍している現員が定数よりも少ないことは、よくあることです。**実態としては、現員＝定数という職場のほうが稀**でしょう。

産休や育休などは、職員から事前の申告があれば、前もって何らかの手当てをすることが考えられます。しかし、急な病休、他部署への応援などの事態が発生すると、欠員状態となり人手不足になってしまいます。

このような場合、人事課と連携して、年度途中の異動、会計年度任用職員の雇用などで対応することもありますが、実際には、「現在いる職員で、何とかしのいでくれ」と言われることがほとんどでしょう。こうなると、課長の的確な判断が求められます。

▶ 事業の先送りと応援体制の構築

まず前提として、業務について見直しを行います。スケジュールを見直して、**不要不急の事業の中止、事業の先送りを検討する**のですが、実質的には、住民サービスの中止や先送りは困難でしょう。しかし、「6月に実施する全庁調査」「4月1日現在の施設状況の集計」などの内部事務であれば、時期をずらすことができるかもしれません。

その上で、**課内の応援体制の構築**を検討します。このときに必要なのが、年度当初にまとめたスケジュールです。各係の状況を踏まえた上で、「業務遂行に必要最小限度の職員数を充てる」ことが求められます。

この場合、職員の協力が不可欠です。例えば、ある係長が、自分の係のことしか考えず、「他の係の手伝いなどに、係員を出さない」などと言うと、他の係長も同じ姿勢になってしまいます。こうなると、応援体制の構築どころではなく、課内崩壊の危機です。係長にはもちろんのこと、係員にも現状を十分に説明して、理解を得ることが求められます。

場合によっては、超過勤務手当の予算を別途確保するなどの対応も必要かもしれません。「もし、残業が増えるのであれば、その分の予算は確保してくる」と説明し、財政課などに掛け合うのです。

▶ 業務委託・他課への応援依頼

また、**業務の一部をアウトソーシングする**ことも考えられます。年度途中で、大規模な業務委託は困難かもしれません。しかし、文書の封入作業、宛名印刷、集計作業、記念品の箱詰めなど、「時間はかかるが、作業としては複雑でないもの」は、結構あります。こうしたものを、民間事業者や福祉施設などに委託するのです。

また、どうしても課内だけでは処理しきれない場合、他の部署に応援を依頼するという方法もあります。長期間の応援を依頼する場合には、兼務発令なども必要となりますので、人事課と協議しなければなりません。しかし、短期間に同じ部内からの応援であれば、部長の了承だけで済ませることも可能です。このように、課長としては、人手不足に対して様々な方法を検討することが求められます。

 転ばぬ先のアドバイス

欠員が判明したら、できるだけ早く対応策を検討し、実行する。判断が遅れると、状況は悪化してしまう。

7 「業務量」と「マンパワー」で対策を考える

▶ 年度途中に業務が新たに発生するケース

　年度当初に想定していなかった、新たな業務が年度途中に発生することはよくあることです。例えば、次のようなケースです。

①国や都道府県が新たな事業を開始した

　新型コロナウイルス感染症の影響に伴い、新たに給付金や貸付金の制度など、これまでになかったサービスが開始されました。これらは、国の補正予算成立とともに、自治体でも実施することとなります。

②事件・事故の発生

　課の所管する施設で不具合が生じ、急遽、住民の利用ができないことがあります。こうしたときには、施設休止の周知とともに、修繕などの対応を実施し、早急にサービスを再開する必要があります。

③新たな首長の公約実現

　年度途中で首長が交代することがあります。この場合、新首長の公約実現のため、補正予算を編成し、新たな住民サービスを実施します。

　上記以外でも、年度途中の社会経済状況に応じて、急遽、自治体が対応することがあります。課長としては、状況の変化に柔軟に対応することが求められます。

▶ 新たな業務でも、類似の事例から業務量を予測する

　課長としては、「何を、いつまでに実施しなければならないのか」「そのためには、何が必要なのか」と目的と手段を明確化しなければなりません。具体的には、「業務量」と「マンパワー」から対策を考えます。

業務量を正確に見積もることは、難しいと感じるかもしれません。先に示したように、年度途中に発生した業務は、いずれもイレギュラーな事態のため、正確に見積もることが困難なように見えるからです。

　しかし、実際には「業務量の検討が全くつかない」ことは稀です。一見すると、とても困難なように思えますが、実際には、**自治体で起こることは、だいたい過去に似たような事例がある**からです。これまでの事例や類似の業務内容から、業務量に目途をつけることができます。

▶ 冷静にマンパワーを分析する

　一方で、新業務に充当できるマンパワーは、その時々の職員数やメンバーで、状況は大きく異なります。

　もちろん、現有のマンパワーで対応が可能であれば、問題ありません。しかし、対応不可の場合は、まずは業務全体の見直しが必要です。緊急性と重要性から、業務の優先順位を考えます。そして、現在の職員の中で、どのように対応できるのかを考えなければなりません。

　どうしても、現在の職員数では業務に対応できないと判断した場合には、これまでにも触れたように、年度途中の異動、会計年度任用職員の雇用、業務委託、応援職員体制の構築などについて検討します。年度途中に新たな業務が発生した場合には、上層部も事情を汲み取ってくれることが多いかと思います。このため、会計年度任用職員の雇用、業務委託などの予算は確保しやすいこともあります。

　課長としては、上層部の意向を十分に確認するとともに、それを係長などにわかりやすく説明し、パイプ役となることが求められます。柔軟に対応ができないと、業務が行き詰ってしまうので、注意が必要です。

✔ 転ばぬ先のアドバイス

年度途中の緊急事態に、いかに対応できるかが、課長の腕の見せどころ。

8 住民への通知や支給額を間違えた

「第一報」を 上司に伝える

▶ 間違いが判明した場合の対応

　住民への通知文書に誤りがあった、住民への支給額を間違えてしまった——。こうした事故は、残念ながら現実として起こりえます。この時の対応手順は、概ね次のようになります。

①事故の概要の把握

　間違いの内容、件数、影響額、原因及び個人情報（関係のない住民に個人情報が流出した等）等の概要を把握する。

②上司への報告

　直属の上司である部長に、できるだけ早く第一報を伝える。部長には、副市長・市長などの上層部への報告と、マスコミへのプレス発表の要否を相談する。上層部に報告すると決まったら、なるべく早く行う。

③住民等への説明

　関係した住民等に連絡をして、謝罪する。また、今後の対応について説明する。

④プレス発表の準備

　事故の詳細を把握するとともに、再発防止策についても整理し、広報課と連携してプレス発表を行う。

▶ 他から上層部に情報が伝わるのは最悪のケース

　上記は、必ずしも順番に行われるものでありません。部長に報告する一方で、住民等へ説明するなど、同時並行で行われることもあります。上司への報告も1回で済まず、何回も行う必要が出てくるでしょう。

しかし、できるだけ早く第一報を上司に伝えることは、重要です。なぜなら、連絡が遅くなると、住民や議会、マスコミなどから上層部に情報が伝わってしまう可能性があるからです。これは、最悪のケースです。

そのようなことになってしまうと、「なぜ、すぐに連絡しないのか！」と首長から怒鳴られてしまうでしょう。これでは、状況をさらに悪化させてしまいます。**ミスを報告するのは嫌なものですが、できるだけ早く第一報を入れたほうがよいのです。**

▶ 事故の真の原因を把握する

こうした事故の発生で、重要なことは原因の把握と再発防止策です。特に、最近ではシステムのプログラムミスで支給額を誤った、そもそも支給をしていなかったなどが発生します。

こうした場合、ベンダー等の業者によるミスの場合もあるものの、システムが正常に稼働しているかは、必ず職員もチェックしているはずです。そこで、「本当の原因は何か」をよく考えて、把握する必要があります。また、その原因に応じて、再発防止策を考えなければなりません。

なお、職員が業務を放置して、長期間にわたり住民への支給額の変更を行わなかったなど、職員に責任がある事故もあります。こうした場合は、職員の処分も同時に検討することになるため、人事課との連携も必要となってきます。

職員が懲戒処分される場合、上司である課長も監督不行き届きとして、同様に処分されることがあります。実際に課長の目が届かない部分もあるのですが、こうした事態が発生した場合は、課内の体制について改めて見直さなければなりません。

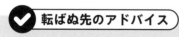

転ばぬ先のアドバイス

部下がなかなかミスを報告してこないこともある。報告は、待つのではなく自ら求めよう。異変を感じたら積極的に確認を。

窓口で住民が大声で苦情を言ってきた

9 「人材育成の時間」 と捉える

▶ 課としての対応を、職員に理解してもらう

窓口で、住民と職員がトラブルになることは、よくあります。正直なところ、厄介ですし、できれば避けたいもの。しかし、こうしたとき、課長としては、「職員の人材育成の時間が来た」と捉えましょう。

なぜなら、トラブルは必ず発生しますし、職員にとってトラブルを解決する能力は必須だからです。トラブルは、職員にとっては住民対応力を向上させるよい機会であり、まさに実践で学べるチャンスなのです。

ただし、職員一人に任せきりにするのではなく、課として一体的に対応することが必要です。最終的には、課長自身も、苦情を言っている住民と、直接やり取りをする場面も出てくるかもしれません。しかし、課長も含めて、課として一体的に対応することがわかれば、職員も孤立することなく、安心して対応できます。

トラブルは必ず解決できます。もちろん、こじれると裁判になる場合もありますが、それでも解決しないトラブルはありません。このことを理解して、トラブルに向き合うのです。

▶ 職員、係長、課長の順番で対応する

住民からの苦情に対しては、まず当初に対応した職員がじっくり話を聴くことになります。すぐに係長や課長が助けに行ってしまっては、職員は常に上司に頼るようになってしまい、自ら対応する力が身につきません（新人の場合は、状況に応じて早めに介入することもあります）。

その職員一人ではどうしても収まらないようであれば、ベテラン職員

や係長が出ていき、対応します。この際、「実は当初に対応した職員の説明が間違っていた」「言い方に問題があった」など、職員に非があることもあるでしょう。その際は、職員に代わって対応します。そして、その職員には、後で指導することが必要になってきます。

　また、住民が誤った認識を持っていたり、無理難題を要求してきたりするようであれば、じっくりと説明します。係長など、ある程度の経験があれば、冷静に対応できるはずです。ここでも、係長などは、腰を据えて対応しなければなりません。それでも収まらないようであれば、課長が出ていくことになります。

　このように、苦情を告げてきた住民に対して、**時間をかけて段階的に対応を行うことで、住民をクールダウン**させます。課長としては、課として一体的に対応することを、実際の場面で職員に学ばせるわけです。なお、閉庁時刻になっても居座るような住民であれば、庁舎管理の担当部署と連携することはもちろんのこと、最終的には警察に連絡することもあります。

メンタルを病んでしまう職員もいる

　苦情対応は、職員にとてもストレスがかかります。このため、メンタルを病んでしまう職員も少なくありません。人材育成のつもりで、職員に対応させていても、実はそれがトラウマになってしまい、職場に来られなくなってしまうこともあるからです。

　職員本人が、どこまで対応できるのかを見定めるのは非常に難しいものの、課長としては、こうした点にも注意して、苦情に対応する必要があります。

✔ **転ばぬ先のアドバイス**

苦情対応の手順を、事前に詳細に教えることは難しい。そのため、係長との間で基本的な流れを確認しておく。

10 「組織的対応」を心がける

関係団体からクレームが来た

▶ 関係団体からのクレームとは

　関係団体からクレームが寄せられることがあります。例えば、次のような事例があります。

①小中学校のPTA・保育園等の保護者会

　学校や保育園等の運営、施設に関することなど

②町会・自治会

　町会・自治会運営、町会会館等の施設に関すること、公園などの施設や地域のイベントに関することなど

③障害者団体

　障害者サービスに関すること、施設整備の要望など

④NPO

　NPO活動への補助の要望、または補助額の引き上げなど

⑤職員団体

　住民サービスや人員配置に関することなど

⑥任意団体

　地域で組織したグループが、住民サービスに関して苦情を言うなど

▶ クレームの受け取り方と対応

　上記を見てわかるとおり、関係団体といっても様々です。**同じクレームであっても、PTAからなのか任意団体からなのかで、受け止め方は変わってきます。**しかし、課長としては、関係団体からクレームがあった場合には、次の点に注意が必要です。

120

①クレームの受け取り方

　クレームが文書で提出される、または、保護者会などの正式な場でクレームが述べられるなど、関係団体としても正式にクレームを自治体に対して述べたという形を取ることが必要な場合があります。しかし、任意団体などの場合は、正式な場を設定することは、基本的にありません。文書で受け取る、または窓口で話を聞くというケースが多くなります。

②クレームへの対応

　関係団体がクレームで文書を提出した場合、それに対する回答はやはり文書で行うのが一般的です。また、正式な場でのクレームも、そこでやり取りを行うことになりますので、それが回答となります。一方で、任意団体のような場合は、一般的な自治体への陳情と同じルートで処理されることもあります。

▶ 組織的対応を職員に徹底する

　このように、関係団体からのクレームは、住民個人のクレームとは異なる対応が求められます。課長としては、自分の課の関係団体を踏まえつつ、職員に先のような対応を徹底する必要があります。

　例えば、正式なPTAからのクレームにもかかわらず、職員が窓口でぞんざいに扱ってしまう、町会長から課長に対して正式に抗議がしたいと言っているにもかかわらず、係長がセッティングしない、などでは、後々、大きな問題に発展してしまうでしょう。

　任意団体の場合であっても、メンバーに元議員がいることもあります。こうした点を踏まえて、関係団体からクレームが来た場合は、必ず課長に一報を入れ、その上で対応を決定することを職員に徹底します。

> **✓ 転ばぬ先のアドバイス**
>
> 関係団体からは、クレームだけでなく、多くの要望も寄せられる。こうした機会を通じて、信頼関係が構築されることも。

11 職員が不祥事を起こした 「実態把握」を 最優先する

▶ 不祥事には、どのようなものがあるのか

　管理職としての経験が長くなると、必ずと言っていいほど、職員の不祥事に遭遇するものです。では、実際に不祥事にはどのようなものがあるのでしょうか。東京都のホームページに掲載されている「懲戒処分の指針」には、次のようなものが掲載されています（抜粋）。

①一般服務関係

　欠勤、遅参・早退、休暇等の虚偽申請、勤務態度不良、職場内秩序びん乱、公文書偽造・私文書偽造等、不適切な事務処理、虚偽報告、収賄及び供応等、入札談合等に関与する行為、営利企業等の従事、違法な職員団体活動、秘密漏えい、個人の秘密情報の目的外収集、個人情報の盗難、紛失又は流出、コンピュータの不適正利用、セクハラ、パワハラ

②公金公物取扱い関係

　横領、窃取、詐取、盗難、紛失、公物損壊、出火・爆発、諸給与の違法支払・不適正受給、公金公物処理不適正

③公務外非行関係

　殺人、放火、傷害、暴行・けんか、器物損壊、横領・占有離脱物横領、窃盗・強盗、詐欺・恐喝、賭博、麻薬・覚せい剤等の所持又は使用、危険ドラッグの所持又は使用、わいせつ行為等、ストーカー行為

④交通事故・交通法規違反関係

　飲酒運転での交通事故、飲酒運転以外での交通事故（人身事故を伴うもの）、交通法規違反

⑤監督責任関係

指導監督不適正、非行の隠ぺい、黙認

▶ 第一報を上司と人事課に伝え、実態把握に努める

こうした不祥事が判明したら、第一報を上司と人事課に伝えます。人事課からは、今後の処分に向けて、具体的な指示があるはずです。

課長としては、不祥事の実態把握を最優先に行い、正確な情報を上司や人事課に伝えることが重要です。場合によっては、不祥事を起こした職員の周囲にいる関係職員にも、ヒアリングを行うことも必要かもしれません。また、超過勤務手当の不正受給などであれば、過去の記録を遡って調べる必要も出てくるでしょう。そうした実態をまとめて、人事課へ情報提供することになります。

処分となれば、人事課が当該職員にもヒアリングを行います。その職員は課長に対していろいろと訴えてくるかもしれませんが、**情に流されずに、冷静に対応する**ことが求められます。そして、一般的には、課長も監督責任が問われます。

▶ 不祥事の教訓を職場に浸透させる

不祥事によって、住民からクレームが来たり、マスコミから取材があったりしますが、これも粛々と対応していくしかありません。しばらくは、職場は重い雰囲気に包まれてしまうこともあります。

しかし、大事なことは再発防止です。**この不祥事を教訓として、二度と同じことを起こさないようにするためには、どうしたらよいのかを十分に考えなければなりません。**金庫の取扱いのルール化など、不正が起きない仕組みを考えるとともに、職員への意識啓発も行っていきます。

 転ばぬ先のアドバイス

職員の不祥事を、完全に防ぐことは難しい。しかし、日頃から職員への周知を怠ると、不祥事が起きやすい職場になる。

12 部下同士の仲が悪く険悪な関係になった 「積極的な介入」をする

▶ 接触が多いからトラブルになる

職場には、いろいろな職員がいます。まさに十人十色ですから、職場での人間関係もいつも円滑ということはなく、ときに衝突やトラブルが発生します。

新任管理職であったとしても、これまでの一般職員時代を振り返れば、思い当たることがあるはずです。「係長と主任の仲が悪く、係内の雰囲気はいつもひどかった」「同じ係内の係員同士が話をしないため、コミュニケーションを取るのに苦労した」などの経験をした人もいるでしょう。

人間である以上、様々な感情を持つことは、当然のことです。しかし、課長として求められるのは、個人的な感情は別として、あくまで課の円滑な運営のため、そうした人間関係のトラブルに対応することです。

部下同士の仲が悪くて険悪な関係になることは、少なくありません。こうした場合、当事者間でコミュニケーションを取る必要がなく、業務に支障がなければ問題ありません。しかし、実際には業務上の接触が多いから、トラブルになってしまうことがほとんどです。**放置していても、傷口は広がるだけ**。課長として積極的に介入することが求められます。

▶ まずは状況を確認する

同じ係の係員同士の仲が悪いことがあります。この時、話し方が乱暴など、どちらかに問題があるならば、それを注意すれば収まるはずです。しかし、どちらかに問題があるわけでなく、仕事の進め方が気に入らない、大雑把と緻密など性格が正反対、などのような場合は、対応が難し

くなります。

　こうした場合は、まず係長に状況を聞きます。そこで、**実際に業務に支障が起きているのか、係長として対応策を考えているのか**、などを確認する必要があるでしょう。場合によっては、係長に話を聞いた後、当事者二人を個別に呼び出して事情を確認したほうがよいかもしれません。

　係員からすれば、「課長に呼ばれて、事情を話した」という事実は、それだけで一定程度重く受け止めるはずです。課長のヒアリングによって、二人が自覚して、態度を改めてくれることもあります。それでも状況が改善されない場合には、「二人が話をするときには、必ず係長も同席する」など、二人の間のコミュニケーション方法をルール化してしまうこともあります。

▶ 二人が接触しないようにする

　自分のこれまでの経験を振り返っても、こうしたトラブルは改善しないことが多いように思います。**「ウマが合わない」二人は、どうしても理解し合うことが難しいのです。**

　こうしたときには、二人が接触しないように、担当業務を変更する、一方を課内異動させるなどの対応も必要です。もう二人の間に修復の余地がなく、放置していたら状況が悪化するような場合です。もしかしたら、すでに周囲にも悪影響を与えているかもしれません。

　これまでも述べたように、職員には各自の役割を果たすことが求められます。もし、人間関係のトラブルのために、役割を十分に果たせないのであれば、課としての運営にも問題があるということになります。

　課長としては、二人の状況、業務への影響、課の運営などを踏まえて、柔軟に対応していかなければなりません。

転ばぬ先のアドバイス

最初は職員二人の小さなトラブルが、いつの間にか職場全体に悪影響を与えてしまうこともある。

13 職員からセクハラ・パワハラを訴えられた 「人事課と連携」して対応する

▶ セクハラ・パワハラの該当基準

「課長がセクハラやパワハラをする」——。そんなことはありえないと思うかもしれません。確かに、一般的に考えれば、そうかもしれませんが、そのように訴えられる管理職は、実際にいます。

まず、セクハラとパワハラの内容について、確認しておきましょう。セクハラとは、職場において従業員の意に反する性的な言動が行われること、性的な言動を拒否したり抵抗したりすることによって解雇や降格、減給などの不利益を受けること、性的な言動によって職場の環境が悪くなり、従業員の能力の発揮に重大な悪影響が生じること、とされます。異性に対してだけでなく、同性に対するものも含まれます。

一方で、パワハラとは、職場で働く者に対して、職務上の地位や人間関係などの職場内での優位性を背景に、業務の適正な範囲を超えて、精神的・身体的苦痛を与える、または職場環境を悪化させる行為です。

セクハラに該当するかは、**相手が不快と感じたかどうか**という、本人の感じ方が、判断基準になります。しかし、パワハラの場合は、相手の感じ方だけで判定されるのではなく、**業務上の適正な範囲内であったか**どうかという点もポイントになります。

▶ 職員の相談から懲戒処分決定までの流れ

職員がセクハラやパワハラを受けたと感じた場合、人事委員会、人事課、職員団体などの相談窓口に訴えることが一般的です。おそらく、一番多いケースは人事課などの人事担当部署でしょう。仮に、職員が人事

委員会や職員団体に相談に行ったとしても、最終的に処分につながる場合は、人事担当部署と関係することになります。

　職員は、人事課の職員に対して、セクハラやパワハラの具体的な内容を説明します。その後、当該課長に対してもヒアリングが行われ、事実関係が確認されます。そして、セクハラやパワハラだと確定すれば、職員懲戒審査委員会において、懲戒処分が決定されることとなります。

▶ 疑われるような行動をしないことが第一だが……

　以上を踏まえ、課長としての対応です。職員から訴えられた場合、人事課と連携して対応するしかありません。**人事課に対しては、真摯に向き合うことが鉄則**です。もし、自己保身のために嘘をついたり、真実を述べなかったりしては、人事課も疑ってしまいます。

　先に述べたように、セクハラに該当するかどうかは、本人の受け取り方が基準になります。しかし、人事課が職員の話を聞いた上で、懲戒処分までには至らないと考えることもあり、その場合には「課長に注意するので、今回は、それで納得してほしい」と職員に話し、事を収めてもらうこともあります。そして、口頭注意や訓告などで終わります。万が一、懲戒処分となってしまった場合には、落ち込むかもしれませんが、よりよい課長になるために必要な勉強だったと前向きに捉えたほうがよいでしょう。

　私の知り合いでも、実際にセクハラだと訴えられた課長がいました。その課長から、実際に話を聞いたのですが、それは飲み会の席での言動で、「えっ、そんなことで訴えられるの？」というような内容でした。

　もちろん、職員に疑われるような態度をしないことが第一です。しかし、いくら注意していても、難しい面もあるようです。

 転ばぬ先のアドバイス

　勤務時間外の飲み会の席で、つい軽口を叩いてしまい、後悔することは多い。

14 「周囲からの情報収集」で状況を把握する

▶ 新型コロナウイルス感染症の影響

コミュニケーションが苦手な職員は、以前からもいました。しかし、最近では、もともとの本人の性格以外の要因もあって、コミュニケーションが苦手になってしまう職員が増えていると感じます。

新型コロナウイルス感染症の影響により、勤務時間中であっても、なるべく人との距離を取る、食事も黙食が推奨されるなど、なかなか他の職員と話しづらい状況になっています。加えて、歓送迎会や同期会など、アフターファイブのイベントも実施できません。以前に比べ、一緒に働いていても、会話や雑談の機会が限られてしまいます。

特に職場になじめていない新人や、異動1年目の職員の場合、「わからないことがあったら、気軽に聞いてね」と言われても、なかなか先輩・上司に話しにくく感じてしまう人もいます。会話を控えて業務を行っている中では、「あまり質問しすぎるのはよくないのではないか？」と考えてしまい、次第に自分の殻の閉じこもってしまうのです。

こうした背景もあり、コミュニケーションが苦手な職員が増えているように思います。

▶ まずは係長に状況を確認する

直接話す機会は少なくても、常に周囲と積極的にコミュニケーションを図っている職員の様子は、把握しやすいものです。一方で、コミュニケーションが苦手な職員に対しては、周囲からの情報収集も行いながら、適切に状況をつかむことが求められます。

仮に、職員間のコミュニケーションが限られていても、業務上支障が
なく、本人の様子にも特段の変化が見られないのであれば、特に気にす
ることはないと思います。しかし、**業務が滞る、明らかに周囲から孤立
している、何か悩みを抱えていそうだという場合には、まず係長に状況
を確認しましょう。**

　課長と係員との間には距離がありますが、係長と係員は、まだそれよ
りも近く、係長もよく理解しているはずです。業務や本人の状況などに
ついて、ざっくばらんにヒアリングしてみましょう。「いや、特に問題
ありませんよ」と言うのであれば、それで安心できます。

　しかし、**「実は……」と何か懸念を口にした場合には、担当業務や他
の職員への影響、本人からの訴えなどについて、状況を詳しく聞き出し
ます。**場合によっては、他の係員にも聞いたほうがよいケースもありま
す。事実と意見を分けて確認していきましょう。

▶ 本人へのヒアリング

　以上を踏まえて、業務上に支障があるなどの問題が判明すれば、本人
にヒアリングをします。このとき、本人にも自覚があれば、その悩みを
共有し、共に解決に向けて進めます。場合によっては、産業医などの専
門家につなげることや、課長が係長とその職員のパイプ役になることも
あるでしょう。

　一方で、本人が問題と感じていないこともあります。これは性格的な
問題であったり、実は本人が障害を抱えていたり、様々な要因がありま
す。こうした場合は、人事課との連携が必要になってきます。現在の職
場だけの問題ではないからです。業務や周囲の職員への影響なども見据
え、異動など含め、今後の対応を考えていくこととなります。

> **✔ 転ばぬ先のアドバイス**
>
> 新人職員が職場になじめているかどうかは、特に重要なポイント。
> 課長としては、意識的に確認する。

15 「原因への対応」と 「組織への影響」を考える

▶ 成果を挙げられない原因

　職員の中には、自分に与えられた役割を果たすことができず、どうしても成果を挙げられない職員がいます。ただし、ここで想定しているのは、勤務態度不良などの問題のある職員ではなく、**執務態度に問題のない、一般的な職員**です。具体的には、次のようなケースが考えられます。

①担当業務が苦手

　対人関係が苦手にもかかわらず相談業務に従事している、資料作成などの文書作成が得意でないなど

②人間関係のトラブル

　周囲の職員から孤立しているために業務上のやり取りができない、ペア制で業務を行っている相手とうまく意思疎通が図れていないなど

③本人の性格等に起因

　業務を抱え込んでしまい状況の変化に柔軟に対応できない、業務の執行方法に強いこだわりがあるなど

　この他にも、そもそも担当業務が過重、求められる役割の認識不足など、いくつもの原因が考えられます。

▶ 課長としての判断が求められる

　どのような原因であれ、職員が与えられた役割を果たせず、成果を挙げられないことは問題です。課長としては、解決に向けて対応していくことが求められます。ただし、先に示したように様々な要因に応じて、対応は異なってきます。

例えば、担当業務が苦手だとします。この場合、本人の今後のキャリアを考えると、苦手であっても取り組むことが必要かもしれません。専門職ではない公務員の場合には、ゼネラリストであることが求められます。このため、苦手だからといって、すぐに担当業務の変更や異動を考えるのでなく、じっくり指導することが必要となるでしょう。

　一方で、組織への影響についても考える必要があります。いくら職員の育成とは言っても、いつまで経っても役割を果たせず、他の業務や他部署に影響が出てきてしまっては、新たな問題が発生してしまいます。一人の職員の業務停滞が、組織全体に悪影響を及ぼすかもしれません。これは、やはり見過ごすことはできません。

　以上のように、課長としては、**職員の育成という「原因への対応」と組織成果という「組織への影響」の両面からの判断が必要**となります。

▶ 発達障害などを抱えていることも考える

　一番難しいのは、本人の性格等に起因する場合です。例えば、職員が業務を抱え込んでしまう場合は、「業務を抱え込んでしまうと、進捗状況が周囲にわからなくなってしまい、悪影響が生じる」などと本人に説明し、仕事のやり方を改めさせるなどの対応が必要になってきます。

　また、職員が発達障害などを抱えていることも考慮すべきです。発達障害とは、生まれつきの脳機能の発達の偏りによる障害で、落ち着きがない、集団生活が苦手、対人関係をうまく築くことができないなどといった症状が現れるものです。「大人の発達障害」と呼ばれるように、大人になってから顕在化することも少なくありません。仮に、その疑いがあると思われる場合には、人事課と連携しながら、対応を考えていく必要があります。

 転ばぬ先のアドバイス

　成果を挙げられない原因を、的確に把握することが重要。勝手な決めつけはせず、本人とも十分に話し合う。

16 「課長の役割」から 対応を考える

▶ 課長を否定する年上部下

　部下が年上であることは、一般的なことであり、どこの職場でも見られることです。年上部下も、多くの年下上司を経験していれば、組織のルールを理解しているため、特に問題は起こらないはずです。このため、年上部下だからといって、特別視する必要は基本的にはありません。

　しかし、年上部下の中には、こうした組織のルールを理解しない職員もいます。特に、かつて自分が教わった先輩が、年上部下として同じ職場にいる場合には、お互いによく知っているだけに厄介です。年上部下は、**表面的には課長を立てつつも、時々、問題行動を起こすことがある**のです。具体的には、課長の否定です。

　例えば、後輩職員に「課長の指示よりも、このやり方がよい」などと、課長の指示とは異なる別な方法を教え、課長よりも、自分のほうが優れた人間だということをアピールします。また、年上部下が係長であれば、課長の指示に対して、「課長の指示ですけれど、これまでの方法で問題ないと思います」と、何かと否定することがあります。

▶ 課長の役割を果たせなくなるのは問題

　このように、年上部下が課長を否定するような態度を取った場合、どのように対応するべきでしょうか。これについては、課長の役割から対応を考える必要があります。

　例えば、年上部下の否定が妥当なものであるならば、課長自身が考えを改めることも、当然あります。しかし、否定の意図が課長の地位を貶

めるもの、もしくは単に課長に難癖をつけるようなものであるならば、注意しなくてはなりません。なぜなら、周囲の職員が「課長は指示するけれど、実際には○○さんが決めている」と感じてしまうと、組織の体裁が保てなくなるからです。つまり、課長自身が課長の役割を果たせなくなってしまうのです。

いろいろな対応方法

対応方法は、いくつか考えられます。一対一での話し合いも効果的でしょう。また、年上部下との会話の中で、「いやいや、これは課長として決めなくてはいけないことなので、ここは私が指示させていただきます」と冗談めかして言うなど、腹芸も必要かもしれません。

もちろん、あまりにひどい場合には、わざと他の職員の前で「何を言っているんですか！」と叱ることも必要かもしれません。ただし、課長があまりに感情的になり、我を忘れてしまうのは問題です。

個人的な経験を振り返ってみても、この年上部下の扱いは、本当に難しい面があります。自分の度量が試されているような気にもなるからです。また、その他の職員がどのように見ているのかも考えなくてはなりません。

「課長である自分のほうが偉い」とか「部下は必ず自分に従うべきだ」というような考えでは、強権的な指示になってしまいます。あくまで、円滑に組織が運営されるためには、**「何が問題なのか」「解決のために何をすべきか」**を冷静に考えることです。その上で、課長としてどのように振る舞うかを決めなければなりません。管理職としての人間的な成長が強く求められる場面の1つといえるでしょう。

✓ **転ばぬ先のアドバイス**

問題行動を起こす年上部下への対応は、自分を成長させるための通過儀礼と心得る。

17 「個人的」と「組織的」で問題を整理する

▶ 職員団体への対応は、管理職にとって重要な業務

　管理職になると、新たな業務の１つとして、職員団体（組合）への対応があります。一般職員時代に加入していた人も多いと思いますが、管理職昇任と同時に脱退しているはずです。今後は、組合員ではなく、管理職の立場から、職員団体と対峙していかなくてはなりません。

　一般に、職員団体は中央組織である本部と、事業別・部署別の分会（福祉分会、保育園分会、総務分会など）で組織されています。事業課の課長であれば、分会の役員と折衝することが多いでしょう。例年、分会から人員、執務環境、事業に関する要望書が提出され、来年度の予算編成や定数計画に合わせて、その要望書に対応することが、職員団体への対応の中心になっていることが多いと思います。

　以前は、座り込みやストライキなどもあったものの、住民の目が厳しくなったこともあり、少なくなりました。このため、職員団体と激しく対立している自治体や職場というのは、あまりないでしょう。

▶ 分会役員との個人的な信頼関係を築く

　職員団体への対応は、間違いのないように細心の注意を払うことが必要です。例えば、ある会計年度任用職員の雇用を継続しないとします。会計年度任用職員は年度ごとに採用するので、継続しなくても、制度上は問題ありません。しかし、職員団体は「実質的な解雇だ！」として、継続の雇用を求めてくることがあります。

　このように職員団体との関係が悪化した場合は、個人的な関係と組織

的な関係の両面から考えることが必要です。個人的とは、分会の役員である職員と課長との関係です。当該職員は、同じ課内もしくは同じ部内であることがほとんどのため、その会計年度任用職員の実態を理解しているはずです。継続雇用されない、それなりの理由がわかるでしょう。

　そうすると、課長としても最初から説明しなくても済みます。**同じ職場にいるからこそ、共有し合えるものがある**のです。これを分会役員と課長で認識を共有しながら、理解を求めていきます。こうしたやり取りを行う中で、分会役員との個人的な信頼関係を築いていくわけです。

▶ 本部との交渉に耐えうるよう、組織的に対応する

　一方で、分会役員は本部に対して状況を説明します。このため、課長としては、このような事態にあたっては、人事課との連携が必要になります。本部は、雇用問題として正式に人事課と交渉する可能性もあるため、課長としては、人事課が交渉に耐えうるように、準備を万全にしておく必要があります。

　具体的には、**雇用を継続しない理由、現在の勤務状況、分会とのやりとり**などです。実際には、雇用を継続しないと決めた段階で、どのような準備が必要なのかを人事課に相談していることがほとんどでしょう。このように、あくまで当局と職員団体という組織的な問題としても、捉えておく必要があるのです。

　なお、職員団体と当局、分会と課長との間には、様々な取り決めやルールがあります。それらは、その自治体特有のものですので、課長自らが調べないと把握できません。こうした取り決めを無視した対応を行うと、後で大きな問題になってしまうので、特に注意が必要です。

✔ 転ばぬ先のアドバイス

前任の課長に、職員団体への対応についても確認しておく。直近の交渉状況などを知らないと、後で困ることになる。

18 「広報課と連携」して 対応する

▶ マスコミ対応には注意が必要

　マスコミへの対応は、基本的に管理職の業務とされている自治体が多いと思います。ある自治体では、統計データやホームページに掲載している内容は係長以下の回答も可能とし、今後の方針や市としての見解は、管理職しか回答してはいけないというルールがあります。

　マスコミ報道は、必ずしもこちらの思いどおりになされるとは限りません。例えば、**長時間にわたり記者からの取材に対応していても、実際の記事はほんの少しで、しかも実際に掲載された内容が、こちらの真意を十分に反映していないようなことがある**からです。

　自分自身の経験でも、1時間以上にわたりテレビ取材を受けたものの、実際の放映は1分もなく、しかも放映された内容が微妙と感じたことがありました。「あれだけ取材しておいて、たったこれだけ？」と拍子抜けしたものです。自治体に関する報道は、マスコミの取り上げ方次第で、住民の反応が大きく変わってきます。このことは、マスコミ報道の怖さであり、管理職として十分に認識しておく必要があります。

　また、当然のことながら、マスコミからの取材に対しては真摯に向き合うことが大切。「忙しいから」と取材を避けていたり、いい加減な対応をしていたりすると、後で痛い目に遭う可能性があります。

▶ マスコミで誤った報道がされた場合の対応

　特に注意が必要なのは、マスコミで誤った報道がされた場合です。具体的には、データなどの数値の間違い、根拠法令などの誤記、こちらの

意図とは違う形で記事にしている、などの例があります。

　このような場合には、広報課との連携が必要です。誤報を確認したら、上司へ第一報を入れると同時に、広報課へも連絡し、今後の対応について協議します。

　誤報の内容によっては、住民からの苦情が殺到する可能性もあります。このため、ホームページなどで誤報の内容と正しい情報を周知することに加え、議会への対応も考えなければなりません。

　報道したマスコミに対して、訂正記事の掲載などを求める場合もありますが、必ず掲載されるとは限りません。「内容は間違っておらず、この記事の内容はあくまで会社としての見解だ」と物別れに終わることもあり、こうなると事態の収拾がより難しくなってきます。

▶ 広報課は強い味方になってくれる

　広報課は、マスコミ各社とパイプがあります。一部の自治体には、記者クラブ（メディアで構成する任意組織）があり、各自治体の担当記者もだいたい決まっています。トラブル発生時には、担当記者が窓口になってくれることもあるでしょう。

　また、広報課は、マスコミへの対応ノウハウを持ち、様々なアドバイスをくれる強い味方です。課長としては、上層部の意向なども踏まえ、今後の対応を協議することとなります。

　広報課とは、日頃から良好な関係を構築しておくことが重要です。例えば、広報課は、自治体から発信できるネタを常に探しています。積極的に情報提供することで、「いざ」というときに、相手も惜しみなく協力してくれるでしょう。

 転ばぬ先のアドバイス

　報道内容の影響があまりに大きな時は、時間を問わず急いで首長へ連絡することが必要。呼び出しがあってからでは遅い。

判断力を磨く方法

　「どのようにしたら、管理職として適切な判断ができるようになるだろうか」――これは、管理職であれば誰しも一度は考えることでしょう。課長に昇任したばかりでは、何をどうしたら良いかわからず、部長やベテラン課長に聞くしかありません。しかし、いつまでも人を頼ってばかりはいられません。

　経験を重ねていけば、どのように判断したら良いのかは、だんだんと身についていきます。しかし、昇任当初は4つの視点（住民・首長・議員・職員）で考えると良いでしょう。つまり、判断にあたって「○○はどのように考えるだろうか」と当てはめてみるわけです。

　例えば、「イベントの開催日時を誤って、広報紙に掲載してしまった」とします。そうすると、住民に対しては訂正の周知を、首長や議員に対してはその報告を、職員に対しては訂正作業の指示などをすることになります。4者の立場になることで、何をすべきなのかが、見えてくるはずです。

　このことは、裏を返せば、自治体の業務には、常にこの4者が関わっていることを示しています。この4者の理解がなければ、うまく物事が進んでいかないのです。

　ただ、管理職の中には、だんだんと「首長視点」しか持たなくなる人がいます。「どうすれば首長に怒られないのか」が、唯一の判断材料になってしまうのです。しかし、それによって組織がぎくしゃくし、そして不祥事が生まれてしまうこともあるのです。

第 **6** 章

誰も教えてくれなかった
「組織サバイバル」の
技術

・・・・・・・・・・・・・・・・・・・・・・・・・・・・・・・・

「役所」という組織で、管理職として仕事を行って
いくためには、現実を直視し、ときに清濁併せ呑む
ことも求められます。研修では教えてもらえない、
公務員人生を生き抜くためのここだけの話。

・・・・・・・・・・・・・・・・・・・・・・・・・・・・・・・・

1 議員という人種の「生態」を理解する

▶ 選挙に落ちれば、ただの人

　管理職が業務を行うにあたり、議員対応は大きなウエイトを占めます。行政と議会は役割が異なるものの、議決権など大きな権限を持つ議員を軽んじては、管理職としてうまくやっていくことはできません。

　管理職が議員と良好な関係を保つためには、まず議員という人種の「生態」を正しく理解しましょう。具体的なポイントは、3つです。

　第一に、議員にとっては選挙が生命線であることです。よく言われるように、議員は「選挙に落ちれば、ただの人」。落選は絶対に避けなければなりません。票を獲得するために、住民、地域団体、業者などに対しては、できるかぎりの対応をしています。それゆえ、言葉は悪いのですが、行政を「利用」することがあります。

　「子どもを○○保育園に入れてほしい」「地域の公園に時計を設置してもらいたい」「うちの商品を役所で購入してほしい」など、住民や支持者からの要望を行政に伝えることは、日常茶飯事です。**①住民等からの期待に応える→②信頼を獲得する→③票につながる、という一連の流れが、議員の行動原理**になっています。このため、役所に無理難題を要求してくることもあるのです。ただし、これまでも述べたように、そうした依頼内容について、議員本人も納得しているのかは不明です。

▶ 住民から、どう見られているか

　第二に、議員は「住民から、どう見られているか」を非常に気にしているということです。すでに述べたとおり、議員にとっては票を獲得す

ることが重大な使命。そのため、自分が、住民からどのように見られているかは極めて重要なのです。

　議員から、直接聞いた話があります。その人が、初めて立候補したとき、ある場所で演説をしていたそうです。話の内容が障害のある自分の子どもに関係したとき、応援のため隣にいた先輩議員が、耳元でこう囁いたそうです。「ここで泣け。そうすれば、もっとアピールできるぞ」。

　これは、あくまで1つの例ですが、このように議員は「自分をどう見せたら効果的か」ということを考えています。それは、やはり住民の目を気にしているからです。このため、本会議や委員会で感情的に質問したり、同席している住民の前で怒ったりするのです。ただし、これも議員の真意は不明です。

職員に好かれたい

　第三に、議員は、管理職も含めて職員に好かれたいと考えています。あくまで住民ファーストのように見える議員ですが、やはり職員には好かれたいというのが本音のようです。それは、多くの職員が票を持っているということもありますが、職員に嫌われては、議員としての仕事がやりにくくなるからです。管理職から資料や情報を得ることができなかったら、的外れな質問をしてしまうかもしれません。

　このため、時には管理職をうまく利用しつつ、ときには一緒に飲みに行くなど、絶妙な関係を構築しようとするのです。

✓ 公務員人生を生き抜く知恵

議員の「生態」を十分理解した上で、議員と付き合えば、対応を誤ることはない。

2 議員とは「建前」も「本音」も話せる関係を築く

▶ 委員会で、対立を演じる

　前項の議員の生態を踏まえつつ、管理職として、議員とどのような関係を構築するかは大事なポイントです。これは、一言でいえば「建前」も「本音」も話せる関係をつくることだと思います。

　議員も管理職も、基本的には「この地域を、もっとよくしよう」「住民のために、尽くしたい」という気持ちを持っています。しかし、議員にも管理職にも、それぞれ立場や事情があります。このため、いつでも「本音」で話せるわけではありません。

　例えば、議員が住民の要望を受けて、委員会で行政に対して厳しい質問をすることがあります。それに対して、行政は「できません」と、役所の理屈を持ち出して拒絶することがあります。しかし、両者とも、実はそれは「建前」として、**お互いが自分の立場を演じている**にすぎず、**実は両者ともに「本音」は別であることも少なくありません。**

▶ 議員との距離を縮める

　自分自身の経験でも、それを強く感じたことがありました。かつて、保育園の公設民営化に従事したときです。公立保育園を民営化し、社会福祉法人を指定管理者として導入することになったのですが、それが市としては初めてのことでした。このため、保護者からの反対運動がおき、議会でも政治問題化して紛糾するなど、混乱に陥ったのです。

　実際に、経費等を試算してみると、確かに保育園の運営費は安くなるのですが、混乱に伴って生じた新たな人員措置や超過勤務手当などを含

めると、全体の経費では、あまりメリットがなかったのです。

　実は、この点を見抜いていた議員がいました。ある日、その議員に呼び出され、その点を指摘されたのです。しかし、それを認めてしまって「導入を止めます」とは言えません。このため、しどろもどろになりながら、無理やりこじつけて説明したものの、納得は得られず。しかし、最後にはこちらの態度から苦しい心境を察してくれたのか、「事情はわかったよ」と言って、その場から解放してくれました。

　保育園が民営化されてしばらく経った後、その議員と「あのときは……」と本音で話すことができました。議員も「そう思ったよ」と言ってくれ、その後、この議員とは、いろいろなことを話し合える関係となり、とてもありがたい存在になりました。

▶ 議員と本音で話し合える喜び

　管理職は、すべての議員と何らかの形で関わるため、議員一人ひとりと関係を構築することが求められます。議員にも様々な人がいて、良好な関係を築ける議員もいれば、残念ながら、その反対になってしまう議員もいます。しかし、その中に数人でも「本音」で物を言える議員がいて、今後のまちづくりを大いに語り合えるのは、管理職としての醍醐味の1つといえます。

　「議員とそんな関係になるなんて無理！」と感じてしまう人もいるでしょう。しかし、議員と何回も接触を重ねるうちに、慣れてくるはずです。最初は、近寄りがたく、怖い存在に思えるかもしれませんが、両者の立場は対等です。

　卑屈になることも、傲慢になることもなく、誠意をもって接すれば、議員との距離は必ず縮まります。

 公務員人生を生き抜く知恵

議員と「本音」で話せるから、よりよい政策が生まれる。「建前」だけの関係では、何も生まれてこない。

3 キーパーソンの議員とは「こまめに」接触する

▶ 2種類のキーパーソン

　第2章【8　押さえておきたい2種類の「キーパーソン議員」】で述べたとおり、キーパーソンの議員には、2種類あります。それは、1つは役職に関するもので、もう1つは属人的なものです。

　役職に関するものとは、議長・委員長などの議会内の役職にかかるものや幹事長・政調会長などの会派にかかるものをいいます。属人的なものとは、議員の役職に関係なく（もしくは、何の役職にも就いていなくても）他の議員に顔が利く、議会内を取りまとめてくれる、行政側の事情を汲んでくれる、行政側と太いパイプがあるなどを指します。

　こうした議員とは、こまめに接触しておくことをお勧めします。ただ、単に「こまめに」と言われてもわかりにくいため、具体的な例を示します。なお、ここでは総務課長のように、執行機関として議会の窓口になっている課長ではなく、一般的な事業課の課長を想定しています。

▶ 所管委員会の委員長に配慮する

　事業課の課長であれば、課の事業等に関することで、「議会に伝えなければならないことがある」もしくは「念のため、議会にも伝えておいたほうがよい」というときには、議員へ連絡することになるはずです。この場合、対象としては会派の幹事長、もしくは所管委員会の委員になりますが、これにより、すべての議員に周知したことになります。

　ただ、これは義務としての接触であり、事業課の課長として、こまめに接触すべき議員は、所管委員会の委員長です。委員長は、その委員会

の所管事項について、議会における責任者のような立場になります。そのため、所管事項については、最新情報を持っていたいと考えているからです。仮に、**自分が委員長であるにもかかわらず、他の議員などから情報が入ると、自分が蔑ろにされたと感じてしまうでしょう。**

　そこで、課長としては、所管委員会の委員長との間では、良好な関係を構築しておいたほうが無難です。場合によっては、自分の課の事業に関することで、議会側の要望や意見なども教えてくれることもあります。そうしたものを早く知ることができれば、来年度の予算要求につなげることもできますし、決算委員会などでの質問対策にもなります。

▶ 重要な情報を雑談で知る

　一方で、属人的なキーパーソンの議員への接触については、特に決まったパターンはありません。「○○のときに、議員と接触すべき」のように明文化することはできず、仲のよい友だちとの関係のようなものです。

　まさに、その議員との個人的なおつきあいなので、「たまたま会ったので話をする」とか「特に用事はないけれど、雑談する」というような感じの接触なのです。しかし、これが意外に重要です。

　こうした雑談の中で、「そう言えば、この話を知っている？」とか「最近、実は○○があって……」のような話が出てきます。そうした情報が意外に重要で、議会全体の動き、各議員の行動、地域の情報などが含まれているのです。**こうしたとりとめのない会話ができる関係を、キーパーソンである議員と構築しておくことが重要です。**ただし、こうした関係を構築するためには、ギブアンドテイクの関係であることが必要です。一方的に情報をもらうだけでは、いずれ関係は壊れてしまうでしょう。

 公務員人生を生き抜く知恵

キーパーソン議員の何気ない情報が、議会対策の事前準備やトラブル回避につながることがある。

4 首長には「細かいこと」「失敗」も積極的に報告する

▶ 首長との関係を構築する

　管理職にとって、組織のトップである首長との関係は非常に重要です。しかし、やはり職員からすれば、首長は近寄りがたい存在のため、管理職の中にも、つい敬遠してしまい、首長への報告が滞りがちな人がいるのも事実です。

　しかし、それは管理職の仕事の仕方としては、疑問です。首長が、自分の課の業務に対して、何を期待しているのか、どのような考えを持っているのかが、わからなくなってしまうからです。これでは、役所全体の組織として考えた場合、円滑に業務を進めることはできません。

　このため、首長には細かいことや失敗でも、積極的に報告しましょう。最初は、気が重いかもしれませんが、**一度は首長の懐に飛び込んでみる**のです。頻繁に接すれば、首長の人柄もわかってきますし、首長が何をしたいのかも明確になってきます。

　前項の属人的なキーパーソンの議員のケースではありませんが、ある程度の物が言い合える関係を構築することができれば、その後は、劇的に仕事が進めやすくなります。そのためにも、上手に首長との関係を構築することが求められるのです。

▶ 怒られることに慣れてしまう

　以前、ある先輩管理職に聞いた話です。その人は、首長のところに報告に行く度に、怒られていたそうです。当時の首長はかなり激しい人だったらしく、その人曰く「かなり罵倒された。現在であれば、その内容が

録音されて表に出たら、一発でアウトのような表現も含まれていた」そうです。しかし、その管理職は、それでも首長のところに足を運び続けたそうです。

その理由は、ある課長の失敗例があったからだといいます。ほとんど首長に報告にも行かず、首長を避けていた課長がいたそうです。そのため、マスコミにプレス発表するようなミスがあったにもかかわらず、その事故の報告がかなり遅くなってしまいました。

このとき、首長の怒りはすさまじく、処分されたのはもちろんのこと、翌年度には実質的な左遷の人事異動もありました。先輩の管理職は「あんな大失敗はしたくない。だから、日頃からこまめに報告に行く」と言い、そして「行く度に怒られるので、最後には怒られることに慣れてしまったよ」と笑っていました。

▶ 首長との間に距離を感じる場合

首長は政治家ですから、職員の視点や考え方と異なることは当然あります。また、首長のところに何度も足を運び、話を重ねたとしても、性格や人柄などから、首長との間に距離を感じる人もいるはずです。

そのときは、その違和感を認識した上で、首長に接していくしかありません。無理して、首長に迎合する必要はないし、自分を押し殺す必要もありません。なぜなら、おそらくその違和感を解消することは難しいからです。これは、首長に限らず、通常の人間関係と同様でしょう。

ただし、組織人としては、上司の指示に従わなければなりません。**たとえ自分の考えとは異なっていても、首長の指示であれば、それに従って業務を進めるのが、職員の役割**だからです。

 公務員人生を生き抜く知恵

近寄りがたい首長でも、接触の頻度が高まれば、自然と会話も増えていく。

5 「信頼できる課長・部長」を見極める

▶ 管理職同士の連携は必須

　管理職の業務を行うにあたって、管理職同士の連携は極めて重要です。例えば、ある課長が、たまたま議員から一般質問の内容を入手したとします。その際、その課長が「自分の課に関連する質問がないから」と言って、その内容を放置してしまうと、質問のある課長に情報が届かずに、対応が遅れてしまいます。

　これは、あくまで一例ですが、管理職同士の連携プレーができていないと、議会に対してミスをしてしまったり、全庁的に統一性のない対応をしてしまったりします。これでは、円滑な組織の運営とは言えません。

　また、管理職の気持ちを理解してくれるのは、やはり同じ管理職です。課長であれば、課の責任者として部下を束ね、業務を管理し、着実に成果を残していかねばなりません。課のトップであり、課では唯一の存在ですから、苦労も多く、孤独を感じる場面もあるでしょう。そうした気持ちを理解してくれるのは、他の課長や部長などの管理職なのです。こうしたことからも、管理職同士の連携は必須なのです。

▶ 管理職には様々なタイプがいる

　しかし、管理職にも様々な人がいます。自分のことしか考えない、上の機嫌ばかりうかがっている、とにかく自分に火の粉が降りかからないことだけが行動原理になっているなど、いろんなタイプがいるのです。

　皆さんも、おそらく課長昇任前の一般職員時代から、様々な管理職の噂を耳にしてきたことでしょう。それは、案外、正確だったりします。

そうした様々な管理職の中で、生き抜いていくためには、やはり信頼できる課長・部長を見極めておくことが大事です。

「信頼できる課長・部長」とは、**管理職としての知識・経験がある、議会対応や庁内調整などを熟知している、庁内外に顔が広く人脈がある、部下から尊敬されている**など、様々な側面が考えられます。いずれにせよ、最終的には自分が「信頼できる」と判断した管理職です。もちろん、単にベテランに限らず、同時期に昇任した課長の場合もあるでしょう。

よりよい関係を構築する

信頼できる課長・部長がいると、管理職の仕事がとてもスムーズになります。なぜなら、管理職であれば誰でも悩む、議会や上層部への対応、人事管理、トラブルへの対応方法などをアドバイスしてくれるとともに、一緒になって対応を考えてくれるからです。

また、こうしたネットワークがあると、情報が入りやすくなります。例えば、「新型コロナウイルス感染症のワクチン接種のために、各部から応援職員を集めるようだ」などの庁内の動きや、冒頭の一般質問の情報などを伝えてくれるからです。そうすれば、事前にいろいろな対応策を講ずることもできます。

管理職内の派閥をイメージされる場合もあるかもしれませんが、ここで言いたいことは、そうしたことではありません。あくまで、自分が管理職としての業務を行うにあたり、信頼できる課長・部長を見極め、よりよい関係を構築するということです。共に助け合うことができれば、管理職の仕事について、より面白さを感じることができるでしょう。

✓ **公務員人生を生き抜く知恵**

孤独になりがちな管理職の気持ちを理解してくれるのは、やはり管理職同士。信頼できる人のアドバイスは、とても有難い。

6 人事課・財政課には「貸し」をつくっておく

▶ 事業系と官房系

　役所の組織は、大きく2つに分類できます。1つは、市民課、防災課、保育課のような現場、いわゆる事業系職場です。もう1つは、人事課、財政課、総務課のような内部管理部門、いわゆる官房系職場です。後者は、全庁的な取りまとめを行うのが、大きな役割です。このため、よく事業系と官房系との間で、対立が生じます。

　例えば、限られた職員数の中で、各職場の定数を決める権限は、人事課が持っています。このため、人事課は事業系の課長から「現在の職員数では業務を行うのは厳しい。もっと定数を増やしてくれ」といった要望を受けることになります。しかし、人事課はほぼすべての課長からこうした要望を受けるため、とてもすべてに応えるわけにはいきません。どんなに事業系の課長が粘ろうとも、けんもほろろに断られてしまうことも多いわけです。財政課に対する予算要求も同様です。

▶ 人事課や財政課もつらい

　事業系の課長が、人事課や財政課に様々な要望を伝える気持ちはよくわかります。しかし、ただ要求するだけの課長になってしまうと、後で大きな損をしてしまいます。

　人事課長も財政課長も、定数や予算に余裕があるならば、事業系の課長の要求を受け入れたいと思っています。しかし、いずれも限りがあるため、すべての要求には応えられないわけです。それにもかかわらず、とにかく「くれ、くれ」と要求ばかりしてくる課長には、よい気持ちは

しないでしょう。いつも人事課や財政課を悪者扱いして、「定数増しない人事課が悪い」「予算要求を通さない財政課が、諸悪の根源だ」などという課長がいたら、もうそもそも要求さえ聞かないかもしれません。

▶ 次回につながる「貸し」をつくる

そこで、課長としては人事課や財政課に「貸し」をつくることをお勧めします。それは、後々大きなリターンを得られる可能性があるからです。

予算要求を例にします。まず、前提は、予算要求の根拠を精緻につくり上げることです。住民からの要望や根拠となる統計データ、議員からの質問内容、他市の状況、実施した場合のメリット、実施しない場合のデメリットなど、財政課が納得する資料を揃えて、予算要求を行います。

また、予算要求のヒアリングにおいても、こうした資料に基づき、論理的に説明を行います。また、「これだけ議会から要望があるにもかかわらず予算化しないならば、財政課としても、それなりの認識はあるわけですね」と、多少の脅しも添えておきます。

そうしたギリギリの状況まで持ち込めば、財政課としても、「申し訳ないが、今回はあきらめてくれ」と下手にならざるを得ません。ここで、「貸し」をつくっておきます。つまり、「そこまで財政課が言うならば、今回はあきらめるが、次回は必ず何とか対応してほしい」と注文をつけておくのです。こうすると、次回は、要求が通りやすくなります。

このように、人事課長や財政課長に**「あの課長には、協力してもらった、助けてもらった」と思わせるように仕向けることが、後の大きなリターンにつながる**のです。間違っても、予算委員会で「財政課に予算をつけてもらえなかった」などと答弁してはいけません。

✔ 公務員人生を生き抜く知恵

全庁的な役割分担で、どこかの課が割を食うことも。そのような時、あえて損な役回りを引き受けて「貸し」をつくる手も。

7 「庁外人脈」を築き、「タコツボ化」を防ぐ

▶ 閉じられた人間関係の公務員社会

公務員の人間関係は、ややもすると非常に閉じられた、狭いものになりがちです。新人時代から中堅くらいまでは、様々な職場を経験するとともに、人間関係も広がっていきます。しかし、係長や管理職になると、庁内で中心となっている職員はだいたい把握できてしまう一方で、反対に、若手職員のことがわからなくなってくるものです。

最近では、社会人経験者や氷河期世代の採用などが行われていますが、それはまだ少数で、役所の人間関係はほぼ決まったメンバーになっているというのが現状です。担当する業務は変わっても、職場や会議で顔を合わせる人は、だいたい一緒です。このため、どうしても人間関係がマンネリ化してしまいがちで、なかなか新たな発想も生まれにくいのです。こうしたことから、意識的に庁外に人脈を築くことをお勧めします。

▶ 他自治体職員との雑談、自主研究グループへの参加等

庁外に人脈を築くには、いくつかの方法があります。

第一に、**業務上で知り合うもの**です。例えば、担当業務を行う中で、会議などで都道府県や他市の職員を知る機会があります。

こうした際、単に名刺交換や会議だけの会話に終わらせず、「今、うちの市では○○が問題になっているんですが、そちらではどうされていますか？」などと意識的に雑談をします。そこで、何かよいヒントを得ることができれば、後日、その自治体を訪問するなどして、より関係を深めることができます。

第二に、**自主研究グループ、オンラインサロン、学会等への参加**です。
　いろいろな自治体の職員で構成する自主研究グループがあります。こうしたものは、多くの参加者を求めていることから、ウェブサイトやSNS等で参加者を募集しています。興味があるものがあれば、一度参加してみるのもよいでしょう。また、職員ではなく事業者が主体となって、WEB上でオンラインサロン、セミナー、イベントなどを開催することもあります。さらに、研究者でなくても参加できる学会などもあります。これらは、若い職員も多いことから、よい意味で刺激になります
　第三に、**その他もろもろ**です。雑な表現ですが、大学時代の友人、趣味のグループ、子どもの学校の保護者、マンションの管理組合など、あらゆる機会を活用して、公務員以外の人と知り合う機会を活用するのです。私にとっては、出版社に声をかけていただいたことも、その1つです。こうした人脈は無理して築くというよりも、何気なく付き合っていたら、大事な人脈になっていたという言い方が妥当かもしれません。打算もないことから、こちらも気負わずにお付き合いできるのです。

▶ 管理職としての成長

　庁外人脈のありがたいところは、「いかに自分が狭い視野にとらわれているか」を気づかせてくれるところです。「他市職員は、どう思うのか」「若手はどのように考えるのか」「民間人から、公務員や自治体はどのように見えるのか」など、普段の業務では、あまり考えない視点を再認識させてくれます。内にこもっていては、管理職として成長できません。外に目を向けて、絶えず世間の動きやニーズに敏感であることが求められます。そのためにも、庁外の人脈はとても重要なのです。

 公務員人生を生き抜く知恵

年を重ねていくほど、井の中の蛙になりやすい。まずは、自分の興味ある分野からでも、庁外に人脈をつくる。

8 「隠れ問題職員」に騙されるな

▶「隠れ問題職員」とは

　全庁的に有名な問題職員は、確かにいます。どこの職場でも問題を起こすものの、人事当局としても辞めさせるわけにもいかず、結果として、比較的職員数の多い職場をまわっていたりする職員です。こうしたはっきりと問題職員とわかる者への対応は、第3章【9　「問題職員」には係長や人事課と連携して対応する】で述べたとおりです。また、課長としては、そもそも問題職員かどうかを見極めることも重要です。

　ただ、実際には、目に見える問題職員がいなかったとしても、「うちの課の職員には、何の問題もない」ということは稀だと思います。**一見問題のない職員に見えるものの、実は、問題を抱えている「隠れ問題職員」といわれるようなタイプが、結構いる**からです。

　例えば、プレイングマネージャーとして働いている係長が、部下の業務管理は行っているものの、自分の担当業務を長期に放置してしまい、異動時になって、それが判明して大きな問題になるケース。また、同様に部下の超過勤務手当はきちんと管理しているものの、係長である自分の超過勤務を不正に請求するケースなどです。さらに、執拗に異性職員に対して私用メールを送っていたり、通勤手当をごまかしていたりすることもあります。

　このように、表面的にはなかなかわからないものの、何かしらの問題を起こす職員というのは、実は多くの職場にいるのです。

▶ ルール化・制度化

　課長としては、こうした職員を放置してしまうと、不正が起こるのはもちろんのこと、業務に支障が出ることは言うまでもありません。しかし、一方で、こうした「隠れ問題職員」を発見するのは難しい面があります。特に、頼りにしている係長自身が巧妙に不正を行っていた場合などは、課長自身が騙されてしまうこともあるでしょう。

　対応策の１つは、ルール化・制度化することです。例えば、先の係長の業務怠慢を防ぐためには、定期的な進捗管理をルール化することがあります。月に一度は資料を提出の上、進捗状況を報告してもらうわけです。言い方は悪いのですが、**性悪説に立って、口頭説明ではなく、検証資料で確認する**のです。いちいちこうした確認は確かに面倒ですが、不正の芽を摘むためには、こうした決まりをつくっておくことは重要です。

▶ 情報を得やすい環境をつくる

　また、すべての職員から情報を得やすい環境をつくることも重要です。公益通報ではないのですが、課長に情報が入らないと、こうした問題を発見することはできません。もし、係長が不正を行っていることを係員が課長に報告してくれれば、すぐに対応が可能になります。

　このためには、話しやすい環境を構築することが重要です。ある課長は、「何か気になることがあれば、私宛にいつでもメールしてもらってかまわない」と自己申告面接ですべての職員に伝えていました。こうすることで、職員が「もしかしたら、課長に報告されるのではないか」と考え、不正に対する一定の抑止効果も生まれてくるのです。

> ✔ **公務員人生を生き抜く知恵**
>
> 職員を信頼していても、「問題は、いつでも起こる可能性がある」と思って気を緩めない。

9 業績も大事だが 「人間関係」はもっと大事

▶ 降任した課長

　かつて実際に庁内であった出来事です。一般職員時代にとても優秀
だったある職員が、課長に昇任しました。その職員は、いわゆるエリー
ト扱いされており、官房系の職場を渡り歩いていました。しかし、昇任
時は納税部門の課長となり、多くの職員を抱えることになり、その中に
は問題職員もいました。

　昇任当初、課長は業績を残そうと頑張ったものの、思うように仕事が
進みません。問題職員をはじめ、これまで自分の周囲にいた職員のタイ
プとは大きく異なり、戸惑ってしまったからです。このため、上司から
期待されつつも、なかなか業績を残すことができませんでした。

　その後、課長はイライラすることが増え、次第に強権的な命令が増え
ていきました。だんだんと係長以下との間に溝ができ、最後には、職員
は課長の指示を聞かなくなり、課長は孤立してしまったのです。そして、
結果的には、課長はメンタルに問題を抱え、係長に降任しました。

　昔は、こういうケースがありました。プレーヤーとしていくら優秀で
も、人間関係をうまく構築できなければ、職場で浮いた存在になり、仕
事がうまく回らなくなってしまいます。管理職にとって、人間関係は非
常に重要なのです。

▶ カッツモデルとは

　ハーバード大学のロバート・カッツ教授が提唱した「カッツモデル」
という考え方があります。これは、管理職には、テクニカル・スキル（業

務遂行能力）、ヒューマン・スキル（対人関係能力）、コンセプチュアル・スキル（概念化能力、抽象的に物事を考えたりする能力）の３つのスキルが重要で、**組織の上にいくほど、テクニカル・スキルの重要度が相対的に下がり、ヒューマン・スキルとコンセプチュアル・スキルの重要度が高まる**というものです。先の課長のように、いくら本人が優秀であっても、部下との間に人間関係を構築できないと、とても仕事どころではないからです。いくら「自分は上司だ」「課長だから」と言ったところで、一度「嫌な奴だ」と思われたら、部下は素直に動いてくれないのです。

▶ 腹芸と外面の良さ

　人間関係は、部下だけではありません。町会長などの中には、個性的な人もいて、「挨拶がなかった」「自分のところにお願いに来なかった」ということで機嫌を損ねてしまい、その後の関係修復に非常に時間がかかってしまうことがあります。NPOや関係団体の職員などともうまくやっていかなければ、事業が頓挫してしまう可能性もあります。

　また、庁内の管理職間の人間関係も注意が必要です。管理職の中で孤立してしまうと、情報が入ってこなかったり、知らない間に業務を押し付けられたり、上から邪険にされたりすることになるからです。

　昇任したばかりの課長は、「早く成果を出さなくては」と考えてしまう人も少なくありません。しかし、それよりも人間関係の構築が先です。人間関係に支障があると、そもそも業績を残せないからです。

　そのためには、**ときに心とは裏腹に、無理やり笑顔で接する**といった、腹芸や外面の良さも求められます。これも、管理職としては、重要なヒューマン・スキルの１つなのです。

✔ **公務員人生を生き抜く知恵**

管理職として仕事をするならば、人間関係を避けることはできない。自分の性格を踏まえて、上手に関係を構築する。

10 「庁内政治のリアル」を理解し、目を背けない

▶ 足の引っ張り合い

新任課長にとっては、水を差す、あるいはやる気を削いでしまう話かもしれません。しかし、今後の長い管理職生活を送っていく上で、知っておくべきこととして、あえて記しておきます。それは、管理職の中でも、「足の引っ張り合い」があるということです。

例えば、同時期に課長に昇任した二人の職員がいるとします。最初は、二人とも同じような事業系ポストだったものの、その後、一人は官房系ポストを渡り歩き、もう一人はいつまで経っても事業系ポストにしか異動しないということがあります。そうすると、後者の課長がそれをやっかみ、陰に陽に、前者の課長の邪魔をするのです。

「そんなこと、本当にあるの？」と思うかもしれませんが、人の妬みや嫉みは、どこの世界にもあるもの。役所も例外ではありません。

管理職は、多かれ少なかれ「出世レース」を気にするものです。自分がそのレースの前方にいると思う管理職であれば気にしませんが、遅れていると思っている管理職は、やはり焦ります。そうしたことから、先のような行動に出てしまうことがあっても、不思議ではないのです。

▶ 派閥と情実人事

出世のために、上層部に取り入ろうと、こびへつらったり、わかりやすいイエスマンになったりすることがあります。優秀な課長に業績では勝てないため（そもそも業績は、勝ち負けを競うものではないのですが）、上層部に気に入られることで点数を稼ごうとするのです。

副市長が派閥を形成していたり、情実人事を行っていたりすると、意外と簡単にその課長を引き上げることがあります。やはり、**自分の思いどおりになる、言うことを聞く部下は、上の人間からすると扱いやすい**のです。こうしたことから、「副市長の〇〇派に属さないと、冷や飯を食わせられる」などという、まことしやかな噂が、全庁を駆け巡ったりします。よく「結局は、〇〇副市長のお気に入りで人事は決まる」などと言われることもありますが、それはある意味では正解です。そのほうが、副市長にとって仕事をしやすいのですから。

管理職の負の側面

　また、上司である部長は、優秀な課長を快く思っていない場合があります。自分よりできると目立つからです。また、その部長が副市長を目指していた場合には、自分を脅かす存在になりかねないからです。このため、**文字どおり「出る杭は打たれる」**ことになります。部長が直属の課長の足を引っ張り、小さなミスを誇大広告したり、仕事に対してなんやかんやと細かい注文をしてきたりするのです。

　管理職の中にある、負の側面について触れてきました。もちろん、すべての自治体がそうだということではありませんが、そのような状況がある自治体も存在するということは、知っておいたほうがよいと思います。新任課長にはまだ見えない部分かもしれませんが、多かれ少なかれあります。

　この事実を踏まえた上で、自分がどのように振る舞うべきかを考える必要があります。こうした世界をうまく乗り切っていこうと、自分なりの対策を考えるのか、もしくはあえて率先して飛び込んでいくのかなど、自分で選択するしかありません。

> **✔ 公務員人生を生き抜く知恵**
>
> 管理職の世界には、泥臭い人間関係がある。それをどのように考えるのかは、自分次第。

首長交代と管理職

　首長交代は、管理職にとってとても大きな出来事です。ただ、それは、前首長と現首長との関係が大きく影響してきます。

　いわゆる前首長が後継者として指名した人が現首長となった場合は、比較的スムーズです。現首長は、前首長の路線を基本的に引き継ぎますので、大きく変化することはないからです。ただ、それでもその候補者が掲げた公約の実現に向けて、管理職は何かしらの対応をすることになります。

　しかし、前首長と対立候補だった人が当選した場合には、たいへんです。それこそ、役所内は大騒ぎと言っても良いでしょう。これまでの政策は180度転換し、人事も刷新されることが多いからです。

　特に、庁舎の建て替え、大型施設の建設などに反対していた候補者が当選した場合は、それらが中止や延期になってしまいますから、役所の姿勢は全く逆になります。

　仮に、その業務の担当課長だった場合、これまでの住民説明会での説明内容も、当然のことながら一変します。

　反対派の住民に対して、「この施設は必要です」と説得し続けていたにも関わらず、今日からは「施設は作らないことになりました」と言うわけです。

　反対派住民からは、鼻息荒く「それ見たことか」と言われるのですが、実は意外に、その担当課長は平気だったりします。その理由を尋ねると──。「だって、それが民意だから」。

第 **7** 章

自分も部下もつぶさない

「メンタルマネジメント」のコツ

苦しいこともある。辛いこともある。それでも決して「つぶれない」ように考えておくことが必要です。もちろん、部下に対しても同様です。良い仕事をするために、心の安定を保つための考え方と習慣を紹介します。

1 「問題のない職場」など存在しない

▶ 自分で自分を追い込んでしまう

　課長として赴任してから、しばらく時間が経過すると、少しずつ職場の問題点が見えてきます。

　例えば、部下です。問題職員がいて、全く戦力にならないだけでなく、周囲の職員のモチベーションも下げていたり、また、係長でありながら、部下の管理ができず課長のサポートもしてくれなかったり。あるいは、そもそも職員数が足りていないなどです。

　事業であれば、前任課長が懸案事項を放置したまま、異動してしまい、議会で厳しく追及されてしまうような事態が起こりえるでしょう。加えて、住民からも苦情が寄せられ、上層部からも叱責されてしまうなどです。

　予算の不足もあるでしょう。財政課が十分に予算をつけてくれないので、いつもギリギリの状態になっていて、上からは、「創意工夫をして新規事業を実施しろ」と言われているが、とてもそんな余裕はない。既存事業だけで手一杯だが、その既存事業も十分な予算がない、などです。

　このように、職場の問題点ばかりが、目につくようになるものです。そして、隣の芝生は青く見え、「○○課はいいな。あそこの課長だったら、よかったのに」と思ってしまうものです。

　しかし、「**これもない、あれもない**」と不足している点ばかりに心を奪われてしまうと、結局は自分を追い込んでしまうだけです。自ら悪い方向へ進んでしまいます。そもそも、「問題のない職場」など存在せず、どこの職場も、何かしらの問題を抱えているものです。

▶ 最低限の業務はできている

よく言われる例えですが、コップに半分だけ水が入っているとき、それを**「もう半分しかない」と考えるか、「まだ半分ある」と考えるか**で、気持ちには大きな差が生まれます。そして、その後の行動にも影響してきます。

確かに、職場には多くの問題があるかもしれません。しかし、毎日の業務が常に混乱状態のようなことはないはずです。何かしら問題はあるにせよ、その日の業務は終わっているはず。そのように考えれば、最低限の業務はできているといえます。

業務ができているのならば、部下も予算もそれなりに確保されているといえます。もちろん、個々の職員を見れば、「もっと積極的に動いてもらいたい」「係長として、もう少し頑張ってほしい」などと思うかもしれません。しかし、人は急に変わることはできません。また、そもそも課長と部下が、同じ認識を持っているのかも不明です。いくら課長が期待していても、部下がそれを認識していない、もしくは部下がそう考えていないのならば、課長の期待は個人的な思いにすぎないのです。

▶ 問題を解決する

もちろん、最低限の業務はできているからといって、問題を放置したままでよいわけではありません。少しでも改善するように、課長としては何らかの対策を講じていかなければなりません。

ただ、焦りは禁物。職場の問題点は、なかなか対応できなかったために、今も問題として残っているわけですから、すぐには解決できないはずです。じっくり腰を据えて向き合うと覚悟を決めることが大事です。

 **ストレスケアの鉄則**

優秀な部下、十分な予算、円滑な事業進捗など、すべてが満足できることなどない。何かが不足していて、当たり前。

2 管理職は「孤独」であっても 「孤立」はするな

▶ 管理職は孤独な存在

　管理職は、孤独な存在です。課長であれば、当然ながら、その課に一人しかいません。一人で部下を束ね、着実に事業を実施していかねばなりません。また、議会や職員団体にも、基本的には一人で対応します。

　係長であれば、一般的には課の中に複数います。このため、何かあれば気軽に他の係長に相談することができます。また、どうしても困った場合には、課長に頼ることもできるでしょう。

　こうした点を考えると、課長が孤独であることが、よりはっきりとするかもしれません。部長も同様ですから、やはり管理職は孤独な存在だといえます。このように、管理職の孤独な面ばかりを考えてしまうと、管理職として業務を行っていくことが怖くなってしまうかもしれません。しかし、部下や他の管理職と上手なコミュニケーションを取ることができず、孤立してしまうと、病んでしまうので注意が必要です。

▶ 孤立してしまった課長

　実際に、そういう管理職が私の周りにもいました。その課長は土木職で、係長までは特に問題なく、優秀とされる職員でした。そのため、早く課長に昇任したのです。しかし、当時、技術系職員の昇任は年功序列が慣例になっており、その課長の昇任はやや特殊でした。

　そのため、部下である技術系職員に妬まれたのです。このため、課長は部下を指導することが難しくなり、一人で仕事を抱えるようになっていきました。また、これまで経験したことのない議会対策にも苦労しま

した。やや生真面目すぎる部分があり、議員と上手にコミュニケーションが取れなかったのです。さらに、担当する分野が公園だったため、住民からの要望も多く、それに伴う議員からの質問も頻繁にあったのですが、迅速に処理することができなかったのです。

この結果、課長は一人で抱え込んでしまい、連日深夜まで残業するようになりました。明らかに精神状態はおかしくなっており、その後、すぐに長期間休むことになり、最終的には係長に降任したのです。

▶ 部下や他の管理職との連携は大事

この課長の例でいえば、課長自身が大変だったのはもちろんですが、課長不在の職場で部内も混乱しました。その意味では、課長一人だけの問題では済まなくなってしまうのです。

この孤立を避けるためには、部下や他の管理職との連携が重要になってきます。**課長がどんなに頑張っても、課内の仕事を一人ですることはできません。**どうしても、部下にやってもらわなければなりません。そのためには、強権的に命令ばかりするのでなく、良好なコミュニケーションを確保しておく必要があります。

また、他の管理職との連携も重要です。**同じように孤独を感じている管理職であれば、その気持ちを十分に分かち合うことができます。**部下を持つ苦労、議会対策の難しさ、上層部からの無理難題への対応など、様々な困難を分かり合えるのは、やはり管理職同士だからです。周囲とうまく連携することは、管理職としては必須なのです。

孤独は精神的な状況ですが、周りに人がいない孤立は物理的な状況です。管理職が孤立してはメンタルを病んでしまいますので、避けなければなりません。

 **ストレスケアの鉄則**

困ったときは、部下や他の管理職に積極的に頼る。無理して一人で抱え込むと、事態が悪化してしまう。

3 「完璧主義」は 自らの身を亡ぼす

▶ 懸案事項の対応を間違えた課長

　昇任したばかりの課長は、やる気もあり、モチベーションも高い状態
です。「あれもやってみたい、これもやりたい」と、とても意欲的になっ
ている場合も少なくありません。しかし、すべてにおいて妥協を許さず、
完璧主義に陥ってしまい、自分で自分の首を絞めてしまう人がいるので、
要注意です。

　例えば、前任課長から引き継いだ懸案事項があったとします。完璧主
義の新任課長にとっては、当然、それは成し遂げなければならない重要
なタスク。完遂することができれば、上司の期待に応えられますし、自
分自身も納得できるからです。そのため、異動早々、部下のお尻を叩き、
何とかやらせようとします。しかし、なかなかできません。

　そもそも懸案事項は、一定の経験を積んだ前任課長でも処理できな
かった内容のはずです。また、懸案事項のまま引き継いだということは、
重要性はありながらも、緊急性は高いものではなかったと判断できます。

　つまり、異動早々に行うべきものではなく、時間をかけて対応すべき
ものだったのかもしれません。しかし、完璧主義の課長はそれが許せず、
すぐに成果を出そうと着手してしまったのです。これにより、部下に無
理をさせ、次第に部下の心は課長から離れていきます。課長は、だんだ
んと職場で孤立していきます。

　**わざわざ高いハードルを自分に課してしまったために、結果的に、課
長は自分で自分を追い詰めてしまった**のです。

▶ 議員の質問を論破してしまう

　このように、完璧主義で自らの目標設定が誤っていたともいえます。目指すべきは、物事を極めて完璧を目指すことではなく、全体のバランスを見て、適切な目標を設定することです。

　厳しい言い方をするならば、**完璧主義は課長自身の個人的趣味、もしくはエゴ**といえるのかもしれません。それに振り回される部下にとっては、いい迷惑なのですから。また、完璧主義はとても危険な一面を持っています。それは、相手を追い詰めてしまう可能性もあるからです。

　例えば、議員からの質問に対して、完璧主義を目指してしまい、議員を完全に論破してしまう管理職がいます。論破するということは、ある意味では議員の発言をすべて否定することにつながります。そうすると、議員がいい気持ちをしないのは当然のことです。場合によっては、恨みを買い、報復される可能性もなきにしもあらずです。

　野党議員の質問ならば論破もあるかもしれませんが、与党議員に対して行ってしまうと、後で上層部に呼び出されて、激しく叱責される可能性さえあるので、注意が必要です。

▶ すべてに完璧主義を求めない

　完璧主義は危険だから、何でもほどほどでかまわない、適当でOK、というわけではありません。業務上のミスや職員の不祥事に対しては、適当でよいというわけにはいかないでしょう。

　ただ、**すべてに完璧主義を求めると、自分で自分を追い詰め、しかも職場が崩壊する危険性をはらんでいることを十分に自覚する必要があり**ます。課長の判断１つには、それだけ大きな影響があるのです。

> **✓ ストレスケアの鉄則**
>
> 優秀な職員ほど、完璧主義に陥りやすい。課長昇任とともに、もう一度、自分の思考の癖を検証する。

4 人に気を遣うよりも、 まず「自分」に気を遣う

▶ 住民団体に気を遣いすぎて倒れてしまう

　他人に気を遣いすぎて、自分自身を追い込んでしまうタイプの職員がいます。そのために、課長自身が心身を病んでしまい、つぶれてしまうこともあるのです。

　ある課長が、住民団体と大きなトラブルになっていました。それは、その課長の責任ではなく、前任課長が住民団体との折衝の中で不用意な発言をしてしまったことが原因でした。しかし、住民団体の態度は硬化しており、後任の課長を激しく責め立てたのです。

　後任課長は、非常に真面目で実直なタイプでした。そのため、団体の要望に応じて、何度も何度も折衝を重ねていったのです。しかも、それに要する時間を限定せず、団体の求めに応ずるままとなっていたのです。

　なぜなら、団体の要望を無碍にすることができなかったのです。しかし、時間を取られ、業務が溜まっていくため、残業続きとなります。そして、次第に課長自身の心身は疲弊していき、最後には折衝の場で倒れてしまったのです。

　結果的に、その課長は異動になり、また別な課長が住民団体と対峙することになりました。新任課長は、団体から折衝の要望があっても、すべてを受け入れることはせず、1回2時間としました。しかも、論点を明確にするとともに、**できないことははっきりと「できません」と宣言**して、対応を断っていました。これにより、団体との折衝も終わらせることができたのです。

▶ 課長がつぶれてしまうと、事態は深刻

　公務員は、基本的には真面目でやさしい性格の人が多いと思います。しかし、だからといって人に気を遣いすぎて、自分自身がつぶれてしまうのでは、本末転倒です。課長がつぶれてしまえば、その課は混乱してしまいますし、後任の手当てなどを考えなければならないなど、役所の組織全体に与える影響が大きいからです。

　やはり、人に気を遣うよりも、まず自分に気を遣うのが先です。決してエゴやわがままではなく、**自分自身をきちんとマネジメントできないと、結果としては、組織に大きな迷惑をかけてしまい、より事態は深刻になってしまうのです。**

　課長自身がつぶれないためには、無理して残業しない、議員の依頼でも対応できないと考えたら断る、部下に仕事をお願いする、なども必要になってきます。自分に負荷をかけすぎないための配慮は、日頃から意識していないと、いざというときにはできません。自分自身をコントロールするためには、日頃からの準備が必要です。

▶ 自分自身で基準を考える

　もちろん、「課長は大変だから」と、何でも部下に仕事を振ったり、住民団体からの要望を避けていたりしては、課長としての資質を疑われてしまうでしょう。部下からも信用されなくなってしまいます。

　どこまで気を遣うのか、その基準を設けることは意外に難しいかもしれません。自分自身への負荷や、相手の状況、業務全体に与える影響などを考えながら、適切に判断していかねばなりません。しかし、それも課長として必要な能力なのです。

 ストレスケアの鉄則

　自分自身に気を遣うことは、エゴではない。円滑に組織が運営されるためには、課長自身のマネジメントは大事な技術。

5 一人で抱え込まず、周囲を 巻き込み、協力を得る

▶ 昇任当初に他の職員とのパイプをつくる

　昇任したばかりの課長は、とにかくわからないことだらけです。新た
に担当することになった事業はもちろんのこと、議会や職員団体への対
応、人事管理など、様々あります。この昇任当初は、とにかくいろいろ
と人に質問できる貴重な時間です。

　すでに述べたとおり、議員への報告であっても、「誰に、どの順番で
報告するのか」を間違えただけで大きな問題になってしまいます。この
ため、**部長や庶務担当課長などのベテラン管理職に、１つひとつ確認し
てから行動に移したほうが無難**です。「まあ、こんな感じでいいか」と
安易に考えてしまい、報告すべき議員や順番を間違えたら、目も当てら
れません。

　事業も同様です。以前から在籍している係長のほうが、事業に詳しい
のは当然です。「自分は課長だから、係長よりも事業について詳しくな
ければならない」などと、係長や係員に聞かずに殻に閉じこもってしまっ
ていては、部下も課長を近寄りがたい存在に感じてしまうでしょう。

　このように、昇任当初は他の職員とのパイプをつくる大事な機会でも
あるのです。これを逃してしまうと、「今頃になって、議会対応について、
そんな初歩的な質問をするのか」と部長に叱られたり、「４月には何も
質問してこなかったのに、自分が困った今になって、急に課長が質問し
てきた」と係長に陰口を叩かれたりしてしまいます。

　こうした事態を避けるためにも、昇任当初の貴重な時間を無駄にしな
いことが大事なのです。

▶ 日頃から、こまめなコミュニケーションを取る

昇任直後にこうした関係ができれば、気分的にとてもラクになります。**「議会対応で困ったら、部長に相談すれば何とかなる」「事業の細かい点については、係長が教えてくれる」**と、対応策がわかるからです。こうすれば、一人で仕事や悩みを抱え込んでしまい、課長が自席で困り果てているなどの状況を避けることができます。

課長としては、昇任直後だけでなく、日頃から他の職員とこまめなコミュニケーションを確保しておくことが重要です。こまめにコミュニケーションを取っていれば、何か問題が起こった場合でも、一緒に対応を考えてくれるからです。

「課長は、自分が困ったときだけ、相談してくる。日頃は、何も話しかけてこないくせに」などと部下から思われたら、やはり課長として信頼されないでしょう。

▶ 雑談の効用

こうしたコミュニケーションで、意外に重要な役割を果たすのが雑談です。係長との会話の内容がいつも業務のことばかりでは、なかなか係長との距離を縮めることができません。そうかといって、いきなりプライベートについて質問するというのも、違和感があります。

時事、天気、庁内の噂など、差しさわりのない内容で話しかけるのが自然かもしれません。また、課長は自分から他の職員に話しかけないと、意外に「今日は、挨拶以外、誰とも話さなかった」ということが起きてしまいます。その姿を部下も見ていますので、やはり課長が孤立しているように見えてしまいます。それを避けるためにも、雑談は効果的です。

✔ ストレスケアの鉄則

「問題が起こっても、一緒になって対応を考えてくれる人がいる」と思えれば、精神的にとても楽になる。

6 人に「褒められよう」と思うなかれ

▶ 上だけを見て仕事をする課長

「いったい、どちらを向いて仕事をしているのか？」

時折、そう思わせる管理職がいます。自分が実際に経験したのは、市政の中心課題が待機児童問題だったときの保育課長です。

この保育課長は、首長から「保育園の増設が、市政の最重要課題だ」と背中を押されていたこともあり、とにかく保育園の整備に躍起になっていました。この時期は、保育園の整備は公設公営ではなく、民設民営が基本になっていました。このため、社会福祉法人や株式会社に保育園を運営してもらうため、誘致活動を行ったわけです。

誘致するためには、もちろん自治体としての補助制度を創設し、安定して保育園が運営できるような体制が必要です。もともとそうした補助制度はあったものの、保育課長は庁内での調整も行わず、勝手に独自の上乗せの補助制度をつくり、誘致を行いました。

要綱の制定にあたっては、起案文書も勝手に自分で作成し、首長のところまで了承を得ました。首長は、もちろん財政当局と調整の上で決まったものだと思っていたため、そのまま決裁は通りました。そして、財政当局には、「首長が了承したのだから、予算をつけてくれ」と言い放ったのです。この後、両者が揉めに揉めたのは言うまでもありません。

保育課長の言い分は、「首長が保育園を作れというのだから、とにかく予算をつけろ」というもので、上だけを見て仕事をする典型でした。ちなみに、この課長は後に不祥事を起こして、退職することになります。

▶ 本来は住民のためのサービスだったはずが…

「上に認めてもらいたい」「人に褒められたい」という気持ちは、よくわかります。有名なマズローの欲求序列でも、承認欲求は自己実現の欲求の次に位置する高次の欲求です。また、長年、承認欲求を研究してきた同志社大学の太田肇教授によると、現実の組織や社会では、承認欲求は自己実現欲求などよりも強い力で人を動機づけているとしています。

しかし、この**「上に認めてもらいたい」「人に褒められたい」が強すぎると、間違った方向へ進んでしまいやすいのです。**本来は住民のための行政サービスのはずが、いつの間にか「首長に褒められるから」「自分が活躍できるから」になってしまうのです。

▶ 雑音に流される

ただ、とても厄介なことがあります。それは、当初は「住民のため」と始めた事業や制度であっても、時間が経過するにつれて、様々な評価や苦情、意見などの雑音が大きくなってしまうことです。その雑音が大きくなると、そちらが気になってしまい、当初の趣旨からズレが生じ、知らず知らずのうちに別な方向に向かって動き出してしまうのです。

冒頭の保育課長も、当初はもともとの補助制度に則って誘致活動を行っていたのです。しかし、上から評価される度に、「もっと、もっと」とエスカレート。そして、最後には庁内ルールを破ることになってしまったのです。

これは、管理職として心しておかねばなりません。係長が暴走しても課長が止められますが、**課長になると、注意してくれる人がいないのです。**どちらを向いて仕事をしているのか。時々見直す必要があります。

> ✔ **ストレスケアの鉄則**
>
> 課長の暴走は、部長もわからず、見逃してしまうことがある。課長自身が自制しないと、あらぬ方向に進んでしまう。

7 「叱る」こと、「見切る」ことも、ときには必要

▶ 叱ることは難しい

　管理職として、職員を叱らなければいけない場面があります。職務怠慢、不注意によるミス、住民への不適切な言葉遣いなど、「叱らないと、同じことを繰り返してしまうな」と判断したときには、やはり叱ることも必要になってきます。ただし、叱り方には注意が必要です。

　もちろん、頭に血が上り、課長が感情的に怒鳴ったり、叫んだりするのはNG。叱るのは、その職員がよくなってくれることを期待して行うのであって、自分の感情をぶつけるために行うものではありません。

　職員を呼び出して一対一で注意するのか、それとも周囲の職員がいる中で叱るのかの選択もあります。後者の場合には、周囲の職員に対する影響もあります。「課長はよくぞ叱ってくれた」と思うかもしれませんし、「あの課長が叱るなんて珍しい」と受け取るかもしれません。叱られる職員はもちろんのこと、周囲への影響についても考える必要があるでしょう。

　ちなみに、叱ることが逆効果になることもあります。最近、よく言われるのは、Z世代（1990年代半ばから2000年代初めにかけて生まれた世代）を叱る際は、配慮が必要ということです。なぜなら、**Z世代は叱られることに慣れておらず、叱られると心を閉ざしてしまうからです。**

　実際に、私が勤めていた自治体でも、「新人職員を叱らずにやさしく教えなさい」というお達しが、管理職や係長に出されたほどです。「叱らずに、褒めて育成しなさい」という指示は、昭和世代の職員にとっては、大きな驚きで受け止められました。

▶ 職員を見切ることもある

一方で、「もう、この職員は手に負えない」と判断したら、見切ることも必要です。残念ながら、そうした職員は存在します。例えば、何度注意しても同じミスをする、問題のある勤務態度、どうしても担当業務を処理できない、などです。

もちろん、管理職としてできるかぎりのことはしなければなりません。本人との面接、次項で触れる「大人の発達障害」を疑う、人事課との連携、周囲の職員によるサポート体制の確立などです。しかし、どのようなことを行っても、どうしても改まらない職員というのはいます。この場合は、言い方は悪いのですが、**ある程度の段階で職員を見切って、別の対応を考えるべき**です。

こうした職員がいることで、周囲に悪影響を及ぼすこともあり、係長と共に対応を考えなければなりません。また、場合によっては、人事課とも連携して懲戒処分の準備もしなければなりません。

▶ 管理職には、人間的な成熟が求められる

叱ることも、見切ることも、管理職にとっては、大きな出来事です。そのため、管理職にとってはプレッシャーになるかもしれません。しかし、経験を重ねていくことで、慣れていくものです。最初は大変かもしれませんが、管理職であれば誰もが経験することですので、あまりナーバスになる必要はありません。

一方、こうしたプレッシャーがある管理職には、やはり人間的な成熟が求められることが、改めてわかります。面倒なことではありますが、自分を成長させてくれる機会と捉えてみてはどうでしょうか。

> **✓ ストレスケアの鉄則**
>
> 叱り方を間違えるとパワハラになってしまう。実は、それで訴えられる管理職は、意外に多い。

8 部下が「大人の発達障害」である可能性も念頭に置く

▶ 大人の発達障害とは

　これまでも述べてきましたが、どうしても部下が十分な仕事ができない場合、一度は大人の発達障害の可能性を考えてみるべきです。そこで、大人の発達障害について、整理しておきましょう。

　発達障害とは、先天性の脳機能の障害によって、情報処理等に偏りが生じ、人間関係や仕事などの日常生活で問題や不適応が起きている状態を指します。「大人の発達障害」といわれるのは、概ね18歳以上の人を対象とするからです。症状が軽いために、大人になるまで発達障害がわからなかったり、周囲の人に気づかれなかったりします。しかし、大学進学や就職などの環境の変化により、その障害が明らかになるのです。

　大人の発達障害には、次の3つの傾向があるとされています。

①自閉症スペクトラム障害（ASD）

　日常的な会話ができない、場の空気が読めない、興味関心に偏りがある、急な予定変更に混乱する、などコミュニケーションに支障がある。

②注意欠如・多動性障害（ADHD）

　気が散りやすく集中できない、締切を守れない、整理整頓が苦手、怒りっぽいなど、注意力などのバランスやコントロールに支障がある。

③学習障害（LD）

　似ている文字を読み間違える、マス目に文字を収めることができないなど、知的発達に遅れはないものの、読み・書き・聞く・話す・計算する・推論するなどの学習に支障がある。

▶ 人事課に相談する

　職場に大人の発達障害が疑われる職員がいた場合、まずは人事課に相談しましょう。人事課には、そのような職員への対応のノウハウもありますし、産業医などにつなげてくれることもあるからです。また、その職員によって業務が滞っていたり、周囲の職員との間で問題が起きていたりすれば、今後の異動なども考慮しなくてはいけないからです。**本人との面談を行う場合でも、人事課のアドバイスを受けてからのほうが的確に行うことができます。**

　ただ、人事課に相談する前には、その職員の状況を係長などからも聞き、正確な情報を人事課に伝える必要があります。課長だけの推測では、具体的にどのような問題が起きているのかが、十分に把握できません。また、当然のことながら、周囲の職員への配慮も必要になります。

▶ 職員を追い詰めてしまうこともある

　多くの職員が、「あの職員は使えない」「彼女は優秀だ」など、他の職員に対して仕事が「できる」「できない」と、優劣をつけたがります。また、管理職も、自分のところに優秀な職員を集めようとします。このため、仕事ができない職員のことを否定的に見がちです。

　しかし、もし障害があるのならば、話は違ってくるはずです。課長も他の職員と同様に、否定的な見方をしてしまうと、その職員を追い詰めてしまうことになります。そうしたことを避けるためにも、職員に問題がある場合は、一度は大人の発達障害を疑ってみるべきです。

　課長がそうした考えを持つだけで、問題のある職員に対する見方が変わってきますし、一歩引いて物を考える余裕も出てくるはずです。

✔ ストレスケアの鉄則

　職員が「大人の発達障害」を自覚していながらも、それを周囲に告げていないこともある。

9 部下の不祥事で「自分」も処分されるものと腹を括る

▶ 部下の不祥事は、防ぎようがないこともある

　監督不行き届きで、課長が処分されるということは、わりとよくあることです。ただし、正直なところ、これはどのように対策を講じていたとしても、防ぎようがない部分もあります。

　実際に多くの管理職の処分を見てきましたし、自分自身も処分された経験があります。しかし、それらを経験した上で、「これは、どうやっても防ぎようがない」というケースが多いのです。このため、**部下の不祥事で自分も処分されると腹を括っておいたほうが、実は気が楽**だと思います。

　例えば、業務上にかかる不祥事があります。部下が公金を横領した、住民に支給する手当額が間違っていたなどです。前者であれば、部下個人の人間性などにかかる部分です。後者の場合は、部下の事務上のミスということもありますが、部下でも防ぎようがない場合があります。システムのプログラムの誤りなど、業者でないとなかなか判明しないことがあるからです。

　また、部下が万引きをして逮捕された、酔っぱらって飲食店で他の客と喧嘩になったなど、勤務時間外の行動に関わる場合があります。この場合、部下の人間性や性格などにも起因しますので、なかなか防ぐことは難しいのです。部下を24時間見張っているわけにもいきませんから、こうしたことを完全に防ぐことは難しいでしょう。

▶ 進捗管理・ルールづくり・監査

しかし、何も対策を講じないと、処分の可能性はますます高まります。業務上のことであるならば、まずは、適切に業務の進捗管理を行うことが重要です。この点を係長任せにしてしまうと、課長は業務の状況を把握できません。また、**「金銭の取扱いは、必ず二人で行う」**など、不祥事を起こさないためのルールづくりも必要でしょう。

さらに、監査の指摘事項を活用する方法も有効です。監査は、そもそも職場の問題点を外部から指摘してくれます。このため、**「監査で指摘されたので、この点を改善しよう」と部下に言いやすい**のです。監査という絶好の機会を利用して、不祥事を防ぐ体制を構築するのです。

▶ 他課の不祥事を詳しく説明する

一方で、**部下の人間性にかかる部分については、なかなか指導することが難しい**のが実情です。おそらく最も効果的なのは、実際に他課で不祥事が発生したときに、その内容や処分などを詳しく説明することだと思います。それによって当該職員だけでなく、職場や家族にいかに迷惑がかかったかを訴えることが、職員にとっては、よりリアリティがあるように思います。

公金横領などの不祥事を起こすと、最悪の場合、公務員の身分を捨てる懲戒免職となります。しかし、公金横領の額と公務員として得られる生涯賃金を天秤にかければ、いかにそれが割に合わないかは、わかるはずです。損得もまた、重要な説得材料なのです。

✔ ストレスケアの鉄則

課長１年目にもかかわらず、部下の不祥事の責任を取って、早々に異動させられることもある。

---

10 常に「最悪のケース」を 想定しておく

▶ 管理職の危機管理能力

　課長は課のリーダーであり、大げさかもしれませんが、**部下の人生に大きく関与している**ともいえます。課長が的確に指示できないために、課内で大きな混乱が生じてしまい、部下にメンタル面で大きな問題が出てしまったとしたら、やはり課長の責任問題に発展してしまうかもしれません。このように、部下を抱えるということは、それだけ部下に対して責任を持つということなのです。

　こうした点を踏まえると、管理職の危機管理能力は非常に重要です。典型例は、災害に対する意識かもしれません。例えば、関東から九州の広い範囲で強い揺れと高い津波が発生するとされる南海トラフ地震と、首都中枢機能への影響が懸念される首都直下地震は、今後30年以内に発生する確率が70％と高い数字で予想されています。

　この点について、現実味を帯びて考えている課長なのかどうかで、実際に発災した場合の対応は大きく異なってきます。何も想定していない課長であれば、それだけの大地震が発生したら、茫然自失となってしまうかもしれません。しかし、東日本大震災の例もあるように、このときのリーダーの判断で、部下の生死が大きく変わることもあるのです。

　最近でいえば、新型コロナウイルス感染症の影響で、職場内にクラスターが発生し、業務を継続することが困難になってしまった職場もありました。この場合も、事前に様々な想定をして、「同じ係の係員は、離れて座らせる」などの対応を取っていれば、防げたかもしれません。

▶ 最悪を想定することで、対応力が身につく

　こうした「最悪のケース」の想定は、管理職としてはとても重要です。なぜなら、様々な最悪のケースを想定することで、自分が何をすべきかが見えてくるからです。そして、そのように考えることで、課長としての対応力も高まるからです。

　例えば、職場の中で産休・育休・病休で職員が不足してしまうことがあります。こうなると、業務に支障が出てしまいます。人事課に掛け合っても、「年度途中には、対応できない」と職員の補充をあっさりと断られてしまうかもしれません。

　そうなると、課内異動、業務の見直し、部内の応援体制の構築など、様々な対応策を考えることになります。そうした対応策を１つひとつ考え、その実現可能性を探ることになります。こうして課長としての対応力も高まってくるのです。こうしたことを放置して、「十分な職員数がいない。どうしよう」では、部下たちも困惑してしまいます。

▶ 課長として覚悟を決める

　また、最悪ケースを想定しておけば、いざというときに取り乱すことがなくなります。文字どおり、最悪のケースですから、それ以上に悪いことは起きないので、課長として覚悟を決めて対応することができます。

　課長としては、**想像力を駆使し、様々なケースを考えることで、課を正しい方向に導いていくことが可能となります。**そして最悪のケースを想定しておけば、ブレることなく対応することができます。多くの部下を抱える課長としては、やはりこうした準備は必要でしょう。災害対応、人事管理、議会対策など、様々な場面で想像力が重要になってきます。

✔ ストレスケアの鉄則

最悪のケースを想定しておけば、たいがいのことは乗り切ることができる。

課長と部長の違い

　同じ管理職であっても、部長と課長とでは大きく異なります。

　それは、業務内容、議員対応、部下指導など、あらゆる面に関わってきます。

　基本的に、課長は忙しいです。

　課の業務の進捗管理はもちろんのこと、予算要求を始めとする他課との調整などもあります。議員からも頻繁に呼び出しがあります。議員経由の業者や住民対応などもあります。また、部下指導についても、日々の指導は当然ですが、年度当初と年度末の面接、職員の起こした不祥事への対応などがあります。

　一方で、部長は各課の業務管理などがありますが、議員対応も部下指導も、課長時代に比べれば大幅に業務は少なくなります。

　こうした両者の違いがあるため、定年を「課長で迎えるのか、部長で迎えるのか」は大きな違いになってきます。それは、出世競争というよりも、いつ課長になるかが大きく影響します。

　なぜなら、未だに年功序列が重要な意味を持つ役所では、高齢になってから課長になると、どうしても部長に昇任できないまま定年を迎えることになるからです。

　高齢になって管理職になった課長が、年齢的に部長に昇任できないことを知って、「こんなことになるのだったら、早く課長になっておけば良かった」と言っていました。

　これは、確かに管理職の本音でしょう。

おわりに

　勧奨退職後、数か月して、かつての勤務先で大きな不祥事が発覚しました。この原稿を執筆している現在でも、裁判も終わっていないので、未だ不明な点も多いのですが、それでも既に逮捕者や懲戒処分になった者が出ました。

　第一報をネットで見たときは、特に驚きはありませんでした。むしろ、「やっぱりか」という気持ちが強かったです。そうした噂があったことを知っていたからです。その後、かつての勤務先が警察によって家宅捜索されている様子がテレビ報道されると、複雑な気分になりました。

　退職したとは言え、30年以上も過ごしてきた場所ですから。少し偉そうな言い方ですが、自分の人生を汚されたような気にもなりましたし、「こんなことのために、仕事をしてきたわけじゃない」と悔しい気持ちになったのも事実です。

　同時に、不祥事を起こしたとされる職員の顔を思い浮かべました。先日まで、一緒に仕事をしていた管理職です。実際に、今回の事件ではその管理職一人がすべて悪いのかというと、そうとは言い切れず、いろいろな要素が混ざり込んでいるようです。ただ、やはり責任を負わされるのは管理職です。それが役割だからです。

　今回、この書籍をまとめるにあたり、改めて「自治体の管理職とは、どうあるべきなのか」を考えさせられました。この機会を与えていただいた、学陽書房の村上広大氏に心から御礼を申し上げます。

秋田 将人

●著者紹介

秋田 将人（あきたまさと・筆名）

著作家。30年以上、自治体に勤務し、定年前に管理職として退職。在職中は、福祉・教育・防災などの現場から、人事・財政・議会などの官房系まで幅広く勤務。退職後は、書籍執筆、研修講師などを通じて、全国の公務員や自治体を応援する活動を行っている。また、別名義でWEBライター・ブックライターを行うなど、活動の幅も広げている。著書として、『残業ゼロで結果を出す　公務員の仕事のルール』『ストレスゼロで成果を上げる　公務員の係長のルール』『見やすい！　伝わる！　公務員の文書・資料のつくり方』『これでうまくいく！　自治体の住民説明会の進め方』『公務員のための問題解決フレームワーク』『そのまま使える！公務員の文書・資料サンプルBOOK』（いずれも学陽書房）、『お役所仕事が最強の仕事術である』（星海社新書）がある。

誰も教えてくれなかった！
自治体管理職の鉄則

2023年2月1日　初版発行

著　者　秋田 将人（あきた まさと）

発行者　佐久間重嘉

発行所　学 陽 書 房

〒102-0072　東京都千代田区飯田橋1-9-3
営業部／電話　03-3261-1111　FAX　03-5211-3300
編集部／電話　03-3261-1112
http://www.gakuyo.co.jp/

ブックデザイン／能勢明日香　DTP製作・印刷／精文堂印刷
製本／東京美術紙工

©Masato Akita 2023, Printed in Japan
ISBN 978-4-313-16181-8 C2036